QU'AS-TU FAIT DE TON FRÈRE ?

PSYCHOLOGIE ET SCIENCES HUMAINES

Georges Kellens

qu'as-tu fait de ton frère?

Etudes de criminologie spéciale

PIERRE MARDAGA EDITEUR
2, GALERIE DES PRINCES, 1000 BRUXELLES

© Pierre Mardaga, éditeur
37, rue de la Province, 4020 Liège
2, Galerie des Princes, 1000 Bruxelles
D. 1986-0024-27

*A Françoise
Olivier
Thierry*

Avant-propos

Ce livre est le reflet d'une invitation.

L'Université libre de Bruxelles m'a confié, au cours de l'année académique 1985-1986, la Chaire Francqui au titre belge.

Le souhait de la Faculté de droit était que je présente certains des aspects les plus actuels de la criminologie.

J'ai choisi un prisme particulier: la criminologie spéciale, et j'ai intitulé mon cours: «cercles de craie et traits de fusain: lectures criminologiques du droit pénal spécial».

Criminologie spéciale, en parallélisme avec un droit pénal spécial. Une étude criminologique des infractions, dessinée en contrepoint des cercles de craie vite effacés, vite remplacés, qui tracent les interdits du code pénal et des lois innombrables qui font appel aux sanctions pénales.

Gageure assurément que de faire actuellement un cours de criminologie qui se réfère aux délimitations pénales. Le crime est une catégorie juridique et non pas comportementale[1]. La lecture pénale d'un comportement répond dès lors à un paradigme utilitaire et déformant qui empêche d'en prendre connaissance[2]. Bachelard n'écrivait-il pas que l'opinion — dont, après tout, le droit pénal est une expression — ne pense pas, qu'elle «traduit des besoins en connaissances», et qu'en «désignant les objets par leur utilité, elle s'interdit de les connaître»[3].

Les concepts criminologiques ne doivent donc pas coïncider avec les concepts pénaux. Mais à condition de construire son propre objet et de considérer l'incrimination pénale comme problématique, la criminogénèse, qui a connu ses heures de gloire lors du congrès de criminologie de Paris de 1950 où s'était illustré De Greeff[4], mérite de reprendre la place importante que le public comme les spécialistes de la justice pénale croient qu'elle occupe.

Qu'on parte du présupposé du «bon sauvage» de Rousseau, ou de l'homme «loup pour l'homme» de Hobbes, et que par conséquent le problème général sous-jacent soit la désocialisation ou la socialisation, les processus d'acheminement vers différents types de délinquance méritent une bonne part de l'attention de la criminologie. Mon souhait est d'aider à ouvrir les yeux : pour se voir regarder d'abord, avec toute la cruauté de son regard. Pour aiguiser le regard ensuite, affûter les instruments méthodologiques de la recherche, prétendre à trouver dans l'humain des constances et des généralités à défaut de certitudes.

C'était déjà l'ambition d'un Quetelet, à l'aube de la Belgique. Il faisait de la criminologie avant que la criminologie n'existe[5]. On trouvera ici des pistes de la criminologie, alors que beaucoup sembleraient vouloir qu'elle n'existe plus, mais que seule demeure la critique de la connaissance qui doit en représenter l'introduction. Formulera-t-elle plus que des questions, voire des questions sur les termes du questionnement[6]? Prétendra-t-elle à être utile?

Le centre de la réflexion a été la recherche de modèles criminologiques. A propos de l'économie, Jean Piaget écrivait que «la difficulté propre des sciences de l'homme, en l'absence d'une expérimentation au sens strict et étant donné l'extraordinaire complexité des facteurs synchroniques et diachroniques toujours en présence, est d'ajuster le modèle théorique aux schémas expérimentaux, ceux-ci risquant de demeurer trop globaux et insuffisamment différenciés pour permettre les décisions résultant de l'analyse. Un modèle théorique n'aboutissant pas à une interprétation concrète effectivement vérifiable ne constitue, en effet, qu'un schéma logique; et réciproquement un ensemble d'observables sans une structuration assez poussée se réduit à une simple description »[7].

Dans une littérature relativement pauvre en modèles de criminologie spéciale, j'ai essayé de retenir un certain nombre d'éclairages qui permettent de structurer la lecture des comportements pénalement interdits, et de stimuler si possible la recherche souvent timide dans ce secteur. A travers la criminologie spéciale, c'est évidemment toute une criminologie générale qui se dessine, toute une vision par les extrêmes qui fait ressortir, dans une lumière crue, les traits fondamentaux de nos sociétés[8].

NOTES

[1] Robert, Ph., Au théâtre pénal, Quelques hypothèses pour une lecture sociologique du «crime», *Déviance et Société*, Genève, 9/2 (1985), p. 90.
[2] Debuyst, C., *Modèle éthologique et criminologie*, Bruxelles, Mardaga, 1985.
[3] Bachelard, G., *La formation de l'esprit scientifique*, p. 14, repris dans: Bourdieu, P., Chamboredon, J.C., Passeron, J.C., *Le métier de sociologue*, 2e éd., Paris, Mouton, 1973, p. 125.
[4] De Greeff, E., Criminogénèse, in: *Actes du IIe Congrès international de criminologie* (Paris-Sorbonne, septembre 1950), vol. VI, Paris, Presses universitaires de France, 1955, pp. 267-306; Pires, A., Un débat inachevé sur le crime: le cas du congrès de 1950, *Déviance et Société*, Genève, 3/1 (1979), pp. 23-41.
[5] Voy. le *Mémoire* de Quetelet de 1848 reproduit dans la revue *Déviance et Société*, Genève, 8/1 (1984), pp. 13-41.
[6] Robert, Ph., L'utilitarisme, les économistes et la délinquance, *Archives de philosophie du droit*, t. 26, L'utile et le juste, Paris, Sirey, 1981, p. 199.
[7] Piaget, J., *Epistémologie des sciences de l'homme*, coll. Idées, Paris, Gallimard, 1972, p. 75.
[8] Voy. Szabo, D., Normandeau, A., *Déviance et Criminalité*, Paris, Colin, 1970.

Chapitre 1
Homicides

1. Quels homicides?

Qu'est-ce qui a bien pu arriver à l'homicide?

C'était une interrogation récente de Ramsay, qui constatait qu'au début des années 1980, en Angleterre, le taux des homicides — et le risque de connaître l'homicide comme cause de mort — était substantiellement plus faible que celui qu'on y avait connu il y a un siècle, ou davantage[1].

Pour la France, Chesnais faisait une constatation analogue: la violence n'est plus ce qu'elle était. «En France, le nombre d'affaires de meurtres et d'assassinats jugés a diminué d'un bon tiers depuis un siècle et demi, pendant que la population augmentait de deux tiers: autrement dit, *la fréquence de l'homicide volontaire est deux fois et demie moins forte aujourd'hui que vers 1830.* Comme il est probable que le chiffre noir (c'est-à-dire la criminalité échappant à la police) a diminué, l'amélioration réelle est vraisemblablement encore supérieure à ce que laissent apparaître les chiffres. Dès lors, qu'aux Etats-Unis, à la fin des années soixante, une commission spéciale ait été réunie pour étudier la violence, alors en pleine recrudescence, personne ne s'en étonnera, mais que, quelques années plus tard, une commission soit mise en place dans un pays comme la France a de quoi stupéfier. Nous l'avons vu, rien ne le justifie, sinon peut-être un certain mimétisme ou, plutôt, un opportunisme politique qui nous paraît de mauvais aloi. Les campagnes sur la «montée de la violence» ne sont là que pour répondre à la crispation conservatrice d'une fraction de l'opinion : à l'approche des élections (les législatives de 1978, les présidentielles de 1981), il vaut mieux, pensent certains stratèges, rassurer les classes moyennes, chroniquement apeurées, pour en obtenir le vote. La loi dite «Sécurité et Liberté» s'est inscrite dans ce calcul. Mais celui-ci repose sur un mythe : celui de la montée de la violence»[2].

Sans doute faut-il assaisonner toute statistique d'une solide dose de scepticisme, et les indicateurs judiciaires, ne fournissant que des chiffres de «bouts de parcours» pénaux, appellent toujours une discussion. Cependant, malgré la difficulté de la qualification — crime, suicide, accident — d'une mort violente, on peut considérer que les chiffres officiels des homicides fournissent un indicateur relativement satisfaisant de ses traits tendanciels, tant pour le passé que pour le présent[3].

Encore faut-il s'entendre sur ce que c'est qu'un homicide.

Dans les droits continentaux, l'homicide est la mise à mort d'une personne humaine. Le même terme s'applique également comme substantif à l'auteur de l'acte homicide, et comme qualificatif à tout ce qui se rapporte à l'homicide. Dans le langage juridique, l'homicide volontaire est qualifié meurtre, l'homicide prémédité, assassinat. En droit de *common law*, le meurtre est traditionnellement conçu comme l'homicide commis avec «*malice aforethought*» (intention préalable), encore que la condamnation ne suppose nécessairement ni l'intention de tuer, ni l'antériorité de cette intention : l'intention peut être celle de tuer ou celle de blesser sérieusement, ou une insouciance extrême, ou encore la seule circonstance d'accompagner une infraction grave (*felony*) ou de traduire l'opposition à une arrestation légalement ordonnée. La distinction entre meurtres du «premier degré» et du «second degré» est d'origine pennsylvanienne : le meurtre du premier degré, pendable, supposait une intention délibérée, traduite par exemple par l'usage du poison, ou une préméditation, que dénotait par exemple le guet-apens (*lying in wait*). Dans le code pénal modèle américain, les deux degrés sont abandonnés, au profit de circonstances aggravantes ou atténuantes justifiant l'application ou l'exclusion de la peine capitale[4].

Reiwald a soutenu que l'homicide est généralement considéré comme le « premier crime », le prototype du « crime naturel »[5]. Ce paraît l'acte immoral par excellence, le crime « capital » parce qu'il engage la tête de celui qui le commet[6]. Cette idée est si générale et si fortement imprimée dans les esprits que, pour la conscience commune, le crime consiste essentiellement ou presque uniquement à tuer et à blesser[7].

Il n'en a cependant pas toujours été ainsi : en Grèce, le meurtre lui-même n'était puni que sur la demande de la famille et celle-ci pouvait se contenter d'une indemnité pécuniaire. A Rome, en Judée, la composition est interdite pour l'homicide qui est considéré comme un crime public, mais il n'en est pas de même des blessures. Ce minimum de protection accordé par la société à ses membres est parfois refusé lorsqu'il s'agit d'un étranger[8].

Primitivement, « les sentiments collectifs les plus forts, ceux qui tolèrent le moins la contradiction, sont ceux qui ont pour objet le groupe lui-même, soit le groupe politique dans son intégrité, soit le groupe familial. De là vient l'autorité exceptionnelle des sentiments religieux et la sévérité des peines qui en assurent le respect : c'est que les choses sacrées ne sont que des emblèmes de l'être collectif »[9].

Au contraire, actuellement, c'est la souffrance individuelle qui est la chose haïssable : les sentiments qui ont pour objet l'homme, la personne humaine sont devenus très forts tandis que ceux qui nous attachent directement au groupe passent au second plan. Dans les faits, on peut mesurer le degré d'autorité dont est investie la règle prohibitive du meurtre par l'évolution statistique de la criminalité des formes violentes aux formes rusées (Ferri)[10]. C'est ce qui a fait dire à Durkheim que « le taux de l'homicide témoigne avant tout que notre immoralité devient quelque chose de moins passif, de plus réfléchi, de plus calculé »[11].

Le discours sur l'homicide est étroitement lié à la question de la peine de mort qui n'est généralement conservée que pour répondre à la mort par la mort, en supposant que la peur de la mort créera la peur de tuer. La plupart des travaux indiquent qu'il ne s'agit là que de présupposés théoriques, et que rien n'indique que la peine de mort soit réellement dissuasive. Qu'il soit permis de renvoyer notamment aux excellents travaux de Sellin[12] ou de Fattah[13].

Cette liaison mentale entre la mort criminelle et la mort légale suppose cependant une vision très étriquée de l'homicide. L'homicide est d'autant plus toléré qu'il est gigantesque, qu'il mue le sang en phénomène statistique. Chris Van den Wijngaert a exprimé cette curieuse insensibilité aux désastres humains par une formulation nouvelle d'un adage connu : « *De maximis non curat praetor* »[14]. Les holocaustes nucléaires, les boucheries guerrières, qu'elles soient proclamées « justes » ou « injustes », dans le langage de Grotius, ou « de défense » ou « d'agression » dans la terminologie des Nations Unies, paraissent des accidents inévitables. Détruire des nations ou emprisonner des peuples est le jeu politique normal de grands Etats, tuer son adversaire est la loi, tuer sur la route, c'est encore un phénomène statistique, fruit de ce que les juristes appelleront un risque, comme celui d'accident du travail.

La mort sur laquelle le public se penche avec prédilection, c'est la mort à portée de la main : le crime palpable, qui justifie le théâtre des assises et la jubilation des émotions. C'est pour ce type-là d'homicides que le législateur a prévu un luxe de causes de justification ou de causes d'excuses. La légitime défense justifie l'acte. La provocation justifie une atténuation de peine. L'ordre de l'autorité ne justifie l'acte que s'il n'est pas contraire à la loi humaine ou aux lois de l'humain, ce « noyau dur » de l'humainement inacceptable, que rien ne peut justifier.

2. Une théorie de l'acte grave

De Greeff, « anthropologue » (c'est-à-dire psychiatre) de prison centrale, a eu l'occasion de se pencher essentiellement sur des « cas d'assises », et c'est à partir de l'observation de ce genre de cas qu'il a démonté la mécanique homicide.

Soucieux de faciliter l'adoption de mesures individuelles de prévention, le R.P. Vernet a distingué six catégories de crimes de sang[15] :

1. Les crimes « par délectation » commis par des « tueurs » dominés par le goût de tuer pour tuer : chez ces individus, les instincts d'agressivité se sont développés de façon aberrante et anarchique, en sorte que le crime leur procure un plaisir ; inaptes à toute assimilation sociale, ils représentent un danger public à écarter.

2. Les crimes « par contamination » commis par des individus qui ont pris le goût du sang après une première expérience homicide, et qui connaissent une déchéance progressive, ne sachant finalement plus « où ils en sont », tuant « sans y penser », par désespoir, pour finir par se précipiter dans le suicide (« Le sang appelle le sang »).

3. Les crimes « par impulsion », dont les auteurs semblent agir sous l'effet d'une poussée interne qui les porte aveuglément à une violence sans réflexion, ni crainte, ni même prévision des conséquences de leur acte. Ils « ont vu rouge », puis se désespèrent de ce qu'ils ont fait. Souvent la dépense nerveuse, brutale, a été telle que le meurtrier s'endort auprès de sa victime après la décharge fatale.

4. Les crimes « par préjugés » correspondent à un code de l'honneur primitif ou dépassé : ainsi de la « Vendetta », ou du duel qui trouve encore des apologistes[16] ; le R.P. Vernet estime que la meilleure réaction contre le « crime d'honneur » est de le punir par le déshonneur : le cardinal de Richelieu réussit à arrêter les duels surtout en traitant les bretteurs comme de vils criminels de droit commun.

5. Les crimes « de lâches » sont, selon l'expression consacrée, les « crimes crapuleux », commis contre des personnes faibles et désarmées, des isolés sans défense, ou des personnes particulièrement vulnérables, comme les chauffeurs de taxi.

6. Enfin, les crimes « de déséquilibrés » impulsifs fragiles, épileptiques ou épileptoïdes, persécutés-persécuteurs, ou pervers, qui tous requièrent des soins de cliniciens éprouvés ; la fureur, le « rapt psychologique » ne seront pas toujours en cause ; l'obses-

sion d'une idée, le raisonnement faux et obstiné, dit «rationalisme morbide», peut être autant et même plus dangereux que l'exaltation pathologique.

De Greeff, pour sa part, a insisté sur la signification que l'homicide peut avoir pour la vie instinctive: pour lui, l'homicide ne constitue pas un acte contre nature, «il n'est que la réalisation d'un mouvement instinctif de suppression et de négation d'autrui qui naît chez tout le monde devant la résistance ou devant l'obstacle. Il existe ainsi, chez l'homme le plus normal et le plus honnête, des mouvements intérieurs orientés dans le sens homicide, mouvements que la psychanalyse met bien en évidence, sous forme d'exécution symbolique notamment, rêves, actes manqués, oublis de noms, et bris d'objets, mais qui, en dehors de toute analyse, sont nettement perçus par le sujet, à condition qu'il soit doué de quelque sens moral». Sur le plan des actes, d'ailleurs, «on peut considérer qu'une part importante de l'activité de certains individus est à base d'homicide, qu'on retrouve alors sous forme d'équivalent. L'état social actuel n'exige nullement, pour supprimer un concurrent, pour prendre sa place, qu'on lui enlève la vie. Il suffit souvent de quelques insinuations bien faites, ou dans les cas plus sérieux, d'attenter à sa réputation. Une accusation quelconque, même démontrée fausse, suffit à détruire une personnalité...»[17].

Parmi les homicides volontaires au sens strict, De Greeff distingue: le meurtre pour faciliter le vol, lequel comporte plusieurs variétés; l'homicide en vue d'une libération personnelle, lequel contient également plusieurs variétés ayant toutes une signification utilitaire; le crime passionnel et l'infanticide.

3. Meurtres en vue de faciliter le vol

Ce genre de meurtres peut être le fait de bandits opérant en groupe, du genre Cartouche ou Bonnot, «arrivés au bout de quelques années de carrière délictueuse, à l'idée arrêtée d'employer le meurtre comme méthode de base». Mais il est également des types pathologiques de bandits, amenés au crime non par une déchéance sociale progressive, mais par un déterminisme intérieur : c'est surtout au cours de périodes troublées, spécialement en temps de guerre où toutes les valeurs sont discutées sinon inversées, que l'évolution de tels individus vers le crime se fait rapidement : ce seront les plus « récupérables », mais aussi les moins commodes en prison. De toute façon, c'est le type de criminels qui en imposent le plus à l'opinion publique : il existe des biographies populaires de presque tous les bandits notoires. « Ils possèdent en tout cas quelque chose de l'homme : le courage d'attaquer et le courage de risquer »[18].

Il est quelquefois des bandits qui vivent leur vie criminelle seuls, sans le besoin et le secours d'un partage effectif. Le fait qu'ils agissent seuls les force quelquefois à adopter des méthodes lâches qui s'apparentent à celles des tueurs de vieilles personnes : ce dernier genre de meurtriers pour voler, ont des besoins d'argent que nul ne connaît. Ce sont des déficients mentaux, souvent dotés d'une lourde hérédité morbide. Ils sont lâches, ils sont dans une situation angoissante. Ils s'attaqueront à des gens qu'ils connaissent. Ils les tueront avec une étrange insensibilité affective. Un cas type a été fourni en Belgique par Hébrant, surnommé le « tueur des faibles » : sorti de prison en juillet 1960, après 17 ans de détention pour un double assassinat, il a perpétré, en sept mois, 3 assassinats contre des rentiers qu'il connaissait, à seule fin de leur voler l'argent nécessaire pour payer ses mensualités de loyer.

Dans la même ligne, on rencontre ceux qui exploitent systématiquement la technique de tuer des amis et des connaissances qu'ils se créent en vue de les assassiner pour les dépouiller : Landru fit de la sorte disparaître au cours de la première guerre mondiale, au moins onze femmes. Le docteur Petiot, décapité en 1946, fut accusé de soixante-deux assassinats commis dans l'hôtel particulier où il recevait ses clients. Peu avant la guerre, la veuve Becker se faisait des amis parmi les gens malades ou en passe de le devenir, devenait leur infirmière à la faveur d'une première indisposition, et les achevait au poison. Ces assassins sont « diaboliques » — qualificatif souvent employé pour les définir — dans la mesure où ils se sentent dépositaires d'une puissance redoutable et maléfique, qui les fascine.

4. Homicides en vue d'une libération personnelle

Ces homicides sont essentiellement utilitaires, en ce sens que leur but est, non pas de tuer pour de l'argent, mais de supprimer un obstacle empêchant «de reconstruire sa vie, de repartir vers un avenir nouveau et d'échapper à la justice». La personne qui doit disparaître est connue du meurtrier: c'est un mari, une épouse, le mari d'une amante, parfois simplement un rival.

«Dans la plupart des cas, il y a un problème moral. L'individu a conscience de la gravité de l'acte commis et n'est arrivé au crime qu'à la suite d'une longue adaptation morale». C'est par conséquent à l'occasion de l'étude de ce genre d'homicides que De Greeff a proposé une remarquable analyse du «passage à l'acte» homicide [19].

Première étape: l'idée se présente comme infiniment peu probable. Le sujet y adhère en principe, sans envisager le moindre rôle à jouer. Dans l'immense majorité des cas, il s'arrêtera là et ses velléités homicides mourront sous l'influence de la morale vivante diffusée même sous la forme de dictons ou de refrains populaires: ironisant sur les belles-mères et les conjoints, il se dira finalement que sa situation est celle de tout le monde ou à peu près, et que la pensée qui lui était venue est si loin de toute possibilité de réalisation qu'on en parle ainsi, comme d'une blague, comme d'une chose absurde.

Il peut cependant se faire que le sujet franchisse cette première étape: dès ce moment, bien que les processus subconscients n'aient nullement disparu, les choses se passent en grande partie d'une manière consciente, autour de l'assentiment formulé: un tel être doit disparaître, mais «j'aiderai à sa disparition» ou même il disparaîtra sans que j'y sois directement mêlé.

Troisième étape: la crise. La disparition est décidée, et il faut «que je le fasse disparaître». A ce stade, il aura intérieurement dévalorisé sa victime au point qu'il aura fini par se la représenter comme un être nuisible et malfaisant: comme l'écrit La Fontaine, «Qui veut noyer son chien l'accuse de la rage». Le comportement de la victime potentielle sera alors capital: un rien en fera, au sens chimique du terme, le «précipitant» du crime [20].

Le juriste aura tendance à assimiler cette *adaptation* progressive à l'idée criminelle avec la *préméditation*, et à châtier d'autant plus gravement que cette adaptation aura été plus longue. Au contraire, De Greeff insiste sur le fait que le pronostic sera d'autant plus favorable, le sujet d'autant moins dangereux, que la lutte morale de l'individu aura été longue, la résistance à vaincre plus importante. Si l'adaptation n'est pas encore complète au moment du passage à l'acte, on pourra encore avoir un «homicide inachevé», incomplètement ou mal exécuté, sous l'influence d'inhibitions émanant du moi ancien.

Indépendamment de sa durée, l'adaptation à l'idée criminelle peut prendre des formes très diverses: obsessive — l'idée de tuer se présente comme une obsession —, impulsive — l'acheminement vers le crime se fait par bonds successifs, à sens plus ou moins précis (coup, menace, réconciliation, etc.) —, «suicide» — le sujet pense d'abord au suicide, puis au suicide à deux.

Dénouement du drame: l'acte criminel. La brutalité de son exécution n'est pas nécessairement l'expression d'un tempérament violent: parfois cette sauvagerie n'est que la traduction de la résistance intérieure du coupable qui, pour arriver à commettre son acte, doit se faire lui-même une violence inouïe et se jette à corps perdu dans la brutalité: cela se voit aussi chez les faibles, les suggestionnés, les adolescents. De toute manière, l'étude du fait criminel même «constitue un document psychologique de la première importance»[21].

Après le drame, il est des criminels qui, après avoir tué leur victime, la dépècent. Ce dépeçage peut être offensif: il est alors le fait de sadiques typiques, du type Vacher le tueur des bergères, à qui l'acte même du dépeçage procure une satisfaction intense. Mais il peut aussi être défensif, c'est-à-dire opéré pour se protéger des poursuites judiciaires, comme le font quelques assassins voleurs[22].

5. Crimes passionnels

Par référence à la distinction qu'opère le public, De Greeff réserve cette expression au crime de destruction, résultant d'un conflit directement sexuel ou en rapport avec l'amour sexuel, qui a une signification justicière, un sens de vengeance, et est exécuté par le criminel sans considération des dommages qu'il en subira lui-même, par opposition au crime *utilitaire* mais motivé par une passion qui ne peut être assouvie sans ce crime. Les acquittements, souvent jugés scandaleux, vont aux crimes passionnels justiciers. C'est par une sorte de réflexe que l'amant délaissé revalorise d'abord l'aimé: l'aimé a une valeur infinie, il est inaccessible, la vie a perdu toute signification et toute saveur. Le suicide pur et simple correspond à cette période. Mais si le suicide ne s'est pas accompli dès le début, l'amant délaissé remarque que sa disparition sera considérée uniquement comme une bonne affaire. Il renonce au suicide, mais ne retrouve cependant pas l'attachement à la vie et à l'avenir. «Il reste profondément *désengagé* et c'est sous le signe de ce désengagement qui le laisse indifférent à son propre sort qu'il s'achemine vers l'idée criminelle, avec ou sans suicide subséquent»[23].

A côté de ce *processus-suicide*, un autre processus se surajouterait aux trois stades essentiels que De Greeff a distingués à propos de l'homicide en général: un *processus de réduction*. «Alors que la connaissance par l'amour est essentiellement valorisante, donne à l'objet aimé une valeur absolue (quelle que soit sa valeur intrinsèque) parce qu'il correspond à l'attente de l'instinct et suspend toute réaction agressive ou toute réaction de défense, la connaissance qui correspond à l'instinct de défense est réductrice, et ramène l'objet à une abstraction responsable». A mesure qu'un conflit entre deux amants s'enracine, l'aimé perd la protection de l'amour, et le caractère sacré qui le rendait quasi invulnérable disparaît, l'amant blessé revalorise certaines choses qui avaient été délaissées: son propre moi, sa réputation, son argent trop facilement donné.

Sur le plan de la *prévention* du crime passionnel, Proal a analysé avec érudition le problème de la contagion du crime et du suicide passionnels par la littérature passionnelle: «L'écrivain qui a le plus admiré le crime passionnel, c'est Stendhal... Ce romancier, qui méprisait l'humanité et qui traitait son père de «vilain scélérat», lorsqu'il ne lui envoyait pas assez d'argent, professait pour le crime passionnel la plus vive admiration. Le but de la vie, pour lui, c'est le plaisir; le bonheur n'est que dans la satisfaction des passions et «l'énergie» ne se trouve que dans le crime passionnel»[24]. Les auteurs de pièces de «théâtre passionnel» qui ont, tel Alexandre Dumas fils, revendiqué le «droit à la vengeance» subissent les mêmes reproches de Proal, qui en appelle aux devoirs des écrivains.

De Greeff a, pour sa part, insisté sur l'importance qu'il convient d'attacher dans la pratique aux premières manifestations sociales, même bénignes, révélant l'«état dangereux» d'un individu glissant vers le crime passionnel. «Aucune prophylaxie n'est concevable si certains membres de la magistrature et de la police ne sont pas à même de remarquer cet état, de le comprendre, de le retrouver et surtout de le rechercher à l'occasion des contacts que le pré-criminel a presque fatalement avec eux»[25]. Lorsque c'est la pré-victime qui vient se plaindre, il faudra souvent faire son éducation: lui apprendre à ne pas provoquer, à se tenir à la «distance critique» comme doit le faire le dresseur de fauves: un peu trop près le fauve passera à l'attaque, un peu trop loin, il ne le craindra pas. «Dans les conflits passionnels, c'est une question d'appréciation de ce genre qui sauve la vie à quelques personnes et fait que d'autres voient s'abattre sur eux le malheur imminent»[26].

6. Infanticides

Comme l'écrit Chesnais[27], «la fréquence de l'infanticide ne peut être étudiée en elle-même; elle fait partie d'un ensemble plus vaste: la constellation des attitudes devant la vie et devant la mort. Si l'on met à part des pays (...) où une fraction notable des naissances actuelles n'ont pas été souhaitées, mais n'ont pu être évitées — en raison de l'insuffisance de moyens de contraception modernes et de restrictions à l'avortement —, on constate que l'infanticide tend à être plus élevé là où la fécondité est la plus basse. La relation n'est cependant pas systématique; elle est, par contre, plus forte avec le taux de suicide. Là où l'on se tue peu (pays méditerranéens), on tue peu ses enfants».

L'infanticide est le meurtre d'un nouveau-né.

En France, la loi ne disant pas ce qu'elle entend par nouveau-né, on considère qu'elle a voulu protéger l'enfant dont la naissance n'est pas connue et qui ne bénéficie pas, de ce fait, de la protection sociale. Il ne serait donc plus question d'infanticide dès que la naissance de l'enfant aura été déclarée ou aurait dû l'être, à l'expiration du délai de trois jours prévu par le droit civil (article 55 du Code civil)[28]. Passé ce délai, ce crime est un meurtre, sans régime juridique distinct.

Dans d'autres droits, on envisage plutôt l'état psychologique ou mental de la mère. Ainsi, en Belgique, on admet en général qu'il ne faut pas qu'il y ait entre la naissance et l'infanticide un espace de temps suffisant pour détourner la pensée de l'auteur de la naissance de l'enfant et la porter vers un autre objet[29]. En Suisse, la mère est coupable d'infanticide si elle a intentionnellement tué son enfant pendant l'accouchement ou alors qu'elle se trouvait encore sous l'influence de l'état puerpéral[30].

«L'infanticide réel, consistant à donner directement la mort à l'enfant, est plutôt rare dans nos régions. L'infanticide indirect qui consiste à laisser mourir un enfant, faute de soins, parfois faute de nourriture, par indifférence en cas de maladie, est beaucoup plus fréquent. C'est en somme un meurtre par omission, qui réussit plus facilement avec l'enfant qui vit en dépendance totale de l'adulte (...).

»Cet infanticide par omission est d'ailleurs bien connu du public. Il existait avant la guerre, entre Bruxelles et Malines, une contrée où les femmes exerçaient cette sinistre criminalité; non pas concernant leurs propres enfants, mais aux dépens des enfants qu'on leur confiait. Un certain nombre d'enfants illégitimes de la capitale étaient envoyés en nourrice dans ces régions et ne tardaient pas à y mourir «normalement». Les parents connaissaient d'ailleurs le sort qui les y attendait»[31].

De Greeff avait pu juger que la mère qui commet un infanticide «n'est pas nécessairement un être contre nature».

Suivant les circonstances et les causes du crime, on peut distinguer notamment trois grandes catégories d'infanticides.

Le premier groupe résulte de *maladies mentales*: cette maladie mentale peut être durable, telle une démence précoce, ou passagère, telle une psychose confusionnelle à l'occasion de l'enfantement. C'est pourquoi l'examen de l'état mental d'une mère infanticide doit être considéré comme un cas typique d'urgence médico-légale[32].

Le deuxième groupe est l'expression de «*passions*», essentiellement la jalousie, qu'elle soit sexuelle ou maternelle.

L'infanticide par jalousie sexuelle anticipée est accompli de commun accord par deux époux si fortement épris l'un de l'autre qu'une tierce présence leur apparaît insupportable et que l'abandon d'une parcelle de leur affection, la cession d'une portion, même minime, du temps qu'ils se consacrent, la pensée des caresses qui pourraient aller à un enfant, leur semblent une insupportable supplantation, dans leur amour exclusif. L'amour sexuel passionné peut se proposer des fins qui sont à l'encontre d'instincts aussi fondamentaux que ceux de la maternité et de la perpétuation de l'espèce[33].

La jalousie maternelle impliquera l'impossibilité d'accepter un partage d'affection avec le père de l'enfant. L'exemple littéraire est celui de Médée qui, pour se venger de Jason infidèle, non moins que pour éviter que les enfants ne lui soient arrachés par le père, n'hésita pas à les mettre elle-même à mort. Ce genre de vengeance s'exercera cependant rarement sur des nouveau-nés[34].

C'est l'infanticide par *raisons sociales* qui est en fait le plus fréquent, celui qui s'explique le mieux et peut être commis par une mère normale, et qui n'a rien de fatalement dénaturé.

«Sa forme pure est celle qu'on rencontre chez les jeunes filles appartenant à des milieux où une grossesse en dehors du mariage représente une chose pire que la mort. La plupart de ces jeunes filles se font avorter; quelques-unes seulement acceptent la grossesse, par crainte des dangers de l'avortement, mais sans accepter l'enfant. Elles vivent pendant des mois dans l'angoisse et la terreur et s'efforcent d'arriver au terme sans qu'on l'ait trop remarqué. Dans tous les cas, l'enfant est sacrifié à la dureté du milieu et est condamné à mourir par le fait qu'il ne peut absolument pas exister»[35].

En dehors de ces cas où « l'enfant est en somme tué par la famille, l'entourage, la société elle-même », on peut rencontrer des cas où la perspective de conditions matérielles trop pénibles vaincra l'instinct maternel. Ces cas deviennent rares en raison notamment de la parité qui est accordée progressivement à la mère « naturelle » par rapport à la mère « légitime » du point de vue de l'assistance sociale, ainsi que de l'existence d'actions alimentaires fondées sur une vraisemblance de paternité ne se heurtant pas aux difficultés de preuve de la recherche de paternité. Il convient cependant de ne pas perdre de vue que les femmes infanticides se recrutent surtout dans des milieux de quart-monde où les connaissances en droit civil seront des plus rudimentaires [36].

7. Attentats

Aucune classification n'est complète. Aucune catégorie d'une classification n'est étanche. Une classification n'est qu'un instrument et non une fin en soi [37].

A la charnière entre la violence individuelle et la violence collective, l'*attentat*, la menace d'attentat et la fausse information sur l'imminence d'un attentat recoupent par leur modus operandi la menace, par leur résultat l'homicide, et par leur objectif la terreur.

L'attentat a fait l'objet d'une thèse récente d'Alain Prothais [38] qui, en technique pénale, rapproche la notion d'attentat d'une notion qui s'en est progressivement dissociée pour faire naître à l'époque de la Révolution française la théorie moderne de la tentative (*attempt* en anglais). Prothais voit dans les différents « attentats » incriminés par le droit pénal deux traits communs qui justifieraient, à son sens, des développements criminologiques : d'abord la réprobation qu'ils justifient, dans le public comme dans la législation qui n'attendra pas le résultat de l'action criminelle entreprise pour la déclarer consommée, afin d'éviter à tout prix qu'il se produise ; et d'autre part leur valeur éthique fondamentale, résultant de la lâcheté du procédé contre lequel personne ne peut se prémunir [39].

De même que l'apparition de l'arc et des flèches — qui permettaient de toucher à distance au lieu de forcer au corps à corps — ou des procédés de guerre bactériologique — bien anciens, puisque ce n'est pas récemment que les assiégeants ont songé à lancer un animal en putréfaction dans une place forte trop résistante — avaient bouleversé les données de la guerre, ces procédés à distance ont faussé les données du jeu en créant une sorte de poker-menteur avec lequel on manœuvre l'adversaire. Les procédés techniques d'interception, l'art de l'intervention rapide ou de la négociation, se heurteront au rapport de forces, à l'obstination ou au refuge étranger: plus que dans tout autre secteur, la police est alors un art qui dépend largement de la coopération de la presse et des media.

NOTES

[1] Ramsay, H., What has happened to homicide?, *Research Bulletin*, London, Home Office Research and Planning Unit, n° 19, 1985, pp. 9 sv.
[2] Chesnais, J.C., *Histoire de la violence, en Occident de 1800 à nos jours*, Paris, Laffont, 1981, p. 76.
[3] Ramsay, *op. cit.*, p. 9.
[4] Weinreb, L.L., v° Homicide, Legal aspects, *in*: Kadish, S.H., *Encyclopedia of crime and justice*, vol. 2, New York, The Free Press, 1983, pp. 857 et 861.
[5] Reiwald, S., *Gesellschaft und ihre Verbrecher*, Zurich, 1948, cité par M.E. Wolfgang et F. Ferracuti, *The subculture of violence, Towards an integrated theory in Criminology*, Londres, New York, Tavistock Publications, 1967, p. 187.
[6] Voy. Constant, J., De l'application de la peine de mort en matière d'assassinat, *Revue pénitentiaire et de droit pénal*, 1951, pp. 893-907.
[7] Durkheim, E., Devoirs généraux, indépendants de tout groupement social, *in*: *Leçons de sociologie, Physique des mœurs et du droit*, Istamboul, Cituri Biraderler Basimevi, 1950, pp. 131-143.
[8] Même étude, p. 132.
[9] Même étude, pp. 133 sv.
[10] Pinatel, J., Criminologie, t. III du *Traité de droit pénal et de criminologie* de P. Bouzat et J. Pinatel, Paris, Dalloz, 1963, p. 130.
[11] Etude citée à la note 7, p. 142.
[12] Sellin, Th., Les débats concernant l'abolition de la peine capitale: une rétrospective, *Déviance et Société*, Genève, 5/2 (1981), pp. 97-112.
[13] Fattah, E.A., Is capital punishment a unique deterrent? A dispassionate review of old and new evidence, *Canad. J. Criminol.*, 1981, (23/3), pp. 291-311; Kellens, G., *La mesure de la peine*, Université de Liège, Faculté de droit, d'économie et de sciences sociales, 1982, pp. 41 sv.

[14] Van den Wijngaert, C., Het juridisch debat rond de kernraketten, Een terreinverkenning, in: *Armes nucléaires et droit pénal*, Bruxelles, Union belge et luxembourgeoise de droit pénal, 1983.
[15] Vernet, R.P.J., «La prévention des crimes de sang», in: *La prévention des infractions contre la vie humaine et l'intégrité de la personne*, ouvrage publié sous la direction de A. Besson et M. Ancel, Paris, Cujas, 1956, t. II, pp. 177-204.
[16] Maurel, E., «Plaidoyer pour la vengeance», *Revue internationale de criminologie et de police technique*, 1968, pp. 7-10.
[17] De Greeff, E., «L'homicide», in: *Introduction à la criminologie*, 2ᵉ éd., t. I, Bruxelles, Vandenplas, 1947, pp. 290-414.
[18] De Greeff, *op. cit.*, p. 297.
[19] De Greeff, E., «La psychologie de l'assassinat», *Revue de droit pénal et de criminologie*, 1935, pp. 153-164, 213-235 et 357-394.
[20] Voy. von Hentig, H., *The Criminal and his Victim, Studies in the Sociology of crime*, New Haven, Yale University Press, 1948, pp. 383-385.
[21] Ouvrage cité à la note 17, p. 338.
[22] Lacassagne, A., «Vacher l'éventreur», *Archives d'anthropologie criminelle, de criminologie et de psychologie normale et pathologique*, 1898, pp. 632-695; Morel, P. et Bouvery, P., *Aspects anthropologiques et sociopathiques de dix assassins guillotinés au XIXᵉ siècle, dans la région lyonnaise*, Paris, Masson, 1964, pp. 54-62.
[23] De Greeff, *Introduction...*, *op. cit.*, pp. 366-367; De Greeff, E., *Amour et crimes d'amour* (1942), réédition, Bruxelles, Dessart, 1973.
[24] Proal, L., *Le crime et le suicide passionnels*, Paris, Alcan, 1900, pp. 460-461.
[25] De Greeff, *Introduction...*, *op. cit.*, p. 271.
[26] *Ibid.*, pp. 367-374.
[27] Chesnais, *op. cit.*, p. 87.
[28] Vouin, R., *Droit pénal spécial*, 2ᵉ éd., t. I, Paris, Dalloz, 1968, n° 153, p. 143.
[29] Constant, J., *Manuel de Droit pénal*, 2ᵉ partie, T. II, Les infractions, Liège, 1957, n° 1039, p. 179.
[30] Vouin, R., L'infanticide, définition et répression, *Revue internationale de police criminelle*, 1957, pp. 3-9, spécialement p. 6.
[31] De Greeff, *Introduction...*, *op. cit.*, p. 405. Sur les statistiques françaises des procédés employés, voy. Cannat, P., «Les infanticides», chronique de criminologie, *Revue de Science criminelle et de droit pénal comparé*, 1948, p. 391; Léauté, J., *Recherches sur l'infanticide*, (1955-1965), Paris, Dalloz, 1968, pp. 179-243 et 337.
[32] Desmarez, J.J., *Manuel de médecine légale à l'usage des juristes*, Presses universitaires de Bruxelles et P.U.F., 1967, pp. 395 et 448; Bobon, J., *Psychiatrie*, t. I, Liège, Chambre syndicale des étudiants en médecine, 1964-1965, pp. 69-70.
[33] Ley, A., Infanticide et jalousie, *Revue de Droit pénal et de criminologie*, 1940-1946, pp. 39-49; Mowat, R.R., *Morbid Jealousy and Murder*, Londres, Tavistock Publications, 1966.
[34] Ley, A., La vengeance, *Revue de droit pénal et de criminologie*, 1937, pp. 1-22, spécialement les pp. 14-16; Cannat, P., Le complexe de Médée, *Revue de science criminelle et de droit pénal comparé*, 1948, pp. 591-593.
[35] De Greeff, *Introduction...*, *op. cit.*, pp. 407-410.
[36] Voy. notamment Constant, J., in: Léauté, *op. cit.*, pp. 150 sv.
[37] Bottoms, A.E., Les aspects méthodologiques de la classification en criminologie, in: *Etudes relatives à la recherche criminologique*, vol. X, Strasbourg, Conseil de l'Europe, 1973.
[38] Prothais, A., *Tentative et attentat*, Paris, L.G.D.J., 1985.
[39] Prothais, *op. cit.*, p. 284.

Chapitre 2
Prises d'otages

1. Sûreté personnelle

En 1765, le rédacteur de l'*Encyclopédie*[1] définissait la prise d'otage comme une institution de *droit politique*: «un otage est un gage de la sûreté d'une convention; l'on joint quelquefois aux traités de paix, pour sûreté de leur exécution, des *otages*, des gages ou des garants. Les *otages* sont de plusieurs sortes; car ou ils se donnent eux-mêmes volontairement, ou c'est par ordre de leur souverain, ou bien ils sont pris de force par leur ennemi: rien n'est plus commun aujourd'hui, par exemple, que d'enlever des otages de force pour la sûreté des contributions...».

Examinant le point de savoir si l'otage répondait de sa vie, de l'exécution des engagements contractés, l'encyclopédiste répondait que «tout ce que le bien public exige, c'est qu'il (l'Etat) engage la liberté corporelle de ceux qu'il donne en otage, et il ne peut pas plus les rendre responsables de son infidélité au prix de leur vie, qu'il ne peut faire que l'innocent soit criminel; (qu') ainsi l'Etat n'engage nullement la *vie* des otages: celui à qui on les donne est censé les recevoir à ces conditions; et quoique par l'infraction du Traité, ils se trouvent à sa merci, il ne s'ensuit pas qu'il ait droit en conscience de les faire mourir pour ce sujet seul; il peut seulement les retenir désormais comme prisonniers de guerre »...

Aujourd'hui rejetée dans l'illégitimité[2], essentiellement par les conventions humanitaires de 1949[3] et les normes nationales protectrices de ces conventions, la prise d'otage est une forme de violence comme une autre. Elle peut être politique ou ne pas l'être. Elle est inquiétante, et sa fonction est d'inquiéter, d'« obséder ». Elle obsède d'autant mieux que le ravisseur, même s'il affiche un mobile politique, s'arroge aujourd'hui le droit de vie et de mort sur sa victime. En sacrifiant l'otage, le ravisseur supprime d'ailleurs la garantie qu'il s'était assignée de l'exécution d'une convention qu'il avait imposée.

2. Obsession

On pourrait définir l'otage comme un tiers que l'on tient en son pouvoir comme moyen de pression.

C'est *un tiers*, en dehors du dialogue, si dialogue il y a. C'est un étranger, et la solution du problème qu'il a pour fonction d'assurer, n'est pas en son pouvoir. Si elle est sacrifiée, c'est la victime à l'état pur, immolée pour un dialogue rompu, pour une cause à laquelle il ne peut rien, mais que, malgré lui, il fera avancer, ou plus souvent régresser. C'est une personne, non une chose, même précieuse[4], ni un renseignement, ce qui différencie la prise d'otage du chantage[5], qui reste un dialogue à deux.

C'est un tiers que l'on tient en *son pouvoir*. En ce sens, toute prise d'otage est politique, dans la mesure où elle prétend traduire une puissance en suscitant un choc de forces. Mais une force est légitime et l'autre non. La prise d'otage sera politique si elle représente pour ses acteurs un ultime moyen pour arriver à des fins relevant d'une détermination collective[6].

C'est par ce pouvoir qu'il s'arroge sur un tiers que le ravisseur va exercer une *pression*. Le pouvoir dont il s'agit ici est un pouvoir total, impliquant la possibilité de disposer de la liberté et de la vie. Sinon, chacun pourrait être, sous l'un ou l'autre aspect, un otage. Ainsi, une grève des métros fait du confort d'une énorme proportion de la population parisienne un élément de pression[7].

L'otage n'est qu'un moyen de forcer au dialogue, ou d'extorquer une solution. La prise d'otage n'est pas une fin en soi, au contraire du rapt classique, où le but recherché est de disposer d'une personne bien précise — qu'il s'agisse d'une jolie femme, inaccessible par ce moyen (c'est le rapt de séduction)[8]. Qu'il s'agisse encore du rapt de fils de famille — pour faciliter une mésalliance à laquelle s'opposent les parents —[9] ou de princes héritiers — que l'occupant, qu'il soit romain, britannique ou français, entend assimiler[10]; qu'il s'agisse enfin du rapt de personnalités politiques que l'on entend faire disparaître, directement, ou par la voie d'un jugement qu'aurait compromis une impossible extradition.

Dans ces divers cas, la maîtrise de la personne est le but recherché. Elle n'est pas un moyen de peser sur un dialogue. Au contraire, l'otage — l'étymologie l'indique —[11] est un moyen d'assiéger, d'obséder, au sens physique ou au sens psychologique du terme, et de l'emporter par l'obsession que l'on crée de perdre un être cher. Comme par l'empoisonnement[12], le ravisseur déclenche une puissance maléfique qui, artificiellement, décuple ses forces et lui permet de réussir là où le *fair-play*, le respect des règles du jeu social, l'aurait laissé sur sa faim. L'otage est une arme prohibée, d'une retoutable efficacité.

3. Indications multiples

Même en limitant ainsi le débat à la prise d'otage entendue comme la capture d'un tiers dont l'existence représente une sorte de sûreté personnelle, on reste confronté à une réalité polymorphe, tant par le *modus operandi* que par la finalité.

Les *procédés* de prise d'otages sont des plus divers. Le plus spectaculaire est heureusement aujourd'hui en déclin : le déroutement d'avions connut un apogée au tournant des années 1970. De janvier 1968 à mars 1972, l'Association internationale des pilotes de ligne avait enregistré 252 actes dits de «piraterie aérienne »[13], et les juristes s'étaient émus en grand nombre de la progression du mal. Une profusion d'études et d'ouvrages[14] débouchèrent sur un développement de textes internationaux qui eussent raison de terres de refuge traditionnelles pour dérouteurs d'avions[15]. L'analogie de mots avec la piraterie maritime n'est pas vraiment heureuse, car le pirate, le « brigand des mers » selon l'expression néerlandaise ou allemande, était davantage un brigand de grands chemins maritimes que le déclencheur d'une mécanique infernale utilisant un tiers[16] — même si, dès le XVIIIe siècle, les armateurs hollandais se groupaient en sociétés mutuelles pour couvrir le coût des rançons réclamées par les pirates qui s'emparaient de leurs équipages aux Indes orientales[17].

En dehors des airs, des grévistes séquestrent leur patron[18]; des délinquants aux abois, des détenus mutinés couvrent leur fuite ou leur action du corps d'une infirmière, d'un juge, d'une secrétaire, de gardiens, de co-détenus; des réformistes, ou des extrémistes, enlèvent un ministre, un cadre, une vedette ou déroutent un car scolaire pour obtenir un bouleversement social, une prise de conscience, ou simplement la publicité d'une revendication; un forcené, mis à bout par une procédure judiciaire, se retranche, avec ses enfants, dans un « Fort-Chabrol »; des criminels contre les biens rançonnent un adulte ou un enfant, riche ou pauvre[19], derrière lequel se profilera une famille, une entreprise, ou l'Etat, sous la pression de l'opinion publique; en temps de guerre, un belligérant capture ou détient des otages dont la vie répondra de la « bonne conduite » future[20] de la population ou de la communauté d'où ils ont été enlevés; en littérature, un pape répondra de sa vie du mariage d'une jeune fille de vieille noblesse avec Toussaint Turelure, un fils de braconnier, devenu préfet de la Marne sous l'Empire[21].

La vue de Sutherland se brouillait tout autant lorsqu'il tentait de superposer à la notion juridique de « kidnapping » — qui recoupe partiellement notre champ d'étude — une entité sociologique dont l'homogénéité résulterait essentiellement de systèmes de comportement propres aux ravisseurs. Force fut de constater que la définition que donne le droit new-yorkais par exemple de l'enlèvement d'une personne, comme du fait de « s'emparer du corps d'une autre personne contre sa volonté, par force ou par ruse et en violation de la loi »[22], correspondait à une dizaine de variétés de comportement au moins, qui présentaient assurément des points communs, mais dont la classification même ne revêtait qu'un intérêt très mince[23].

Or, si la tradition juridique connaît dans de nombreux pays la notion d'enlèvement, en revanche la prise d'otages — hormis le cas des otages de guerre — comme forme de menace sous condition n'a, malgré l'ancienneté du phénomène, été consacrée que par des dispositions relativement récentes, par exemple, l'art. 343 introduit dans le Code pénal français par une loi de 9 juillet 1971 « relative aux prises d'otages et aux enlèvements de mineurs » ou l'art. 347bis du Code pénal belge résultant d'une loi du 2 juillet 1975[24]. Le législateur, sous la pression des circonstances — par exemple en Belgique, le rapt des enfants Bonnet à Knokke[25] — néglige parfois d'adapter dans le même sens sa loi d'extradition: ainsi a-t-on assisté à l'étrange situation de ne pouvoir extrader de France les ravisseurs du roi hollandais de la bière, Alfred Heineken, et de devoir se contenter de les surveiller en permanence, successivement à Beauvais, à Cergy-Pontoise et à la Guadeloupe[26]. Dans la plupart des législations, il faut faire appel à des incriminations variées: séquestration arbitraire, chantage, extorsion[27], meurtre, etc., ce qui ne simplifie guère l'abord scientifique du problème. La distinction suivant *l'objectif*, politique ou de droit commun — suggérée notamment par le Conseil de l'Europe —[28] ne permet pas encore de discerner à coup sûr une notion opérationnelle, qui s'intégrerait par exemple dans la violence traduisant une protestation de groupes[29].

Les prises d'otages de droit commun sont en effet difficiles à différencier des mêmes actions entreprises dans un but politique, et cela pour trois raisons essentielles, qui ont été mises en évidence lors du 3ᵉ symposium international de criminologie comparée[30].

On peut évoquer d'abord la parenté de forme des actions des groupes de protestation et des groupes relevant du droit commun. « Ainsi, les enlèvements de personnes contre rançon, ou les pillages de banques revendiqués par les Tupamaros, ou certains groupes extrémistes P.L.Q. au Canada ».

Ensuite, « parmi les acteurs désintéressés d'une manifestation criminelle, se glissent des individus relevant du droit commun ».

Enfin, une troisième raison tient à « la forme de la réaction du système de justice criminelle, qui tend à assimiler tout acte violent à des délits de droit commun ». Symptomatiques sont à cet égard, d'une part les textes du Code pénal français, qui prévoient dans un même alinéa les prises d'otages « soit pour favoriser la fuite ou assurer l'impunité des auteurs ou complices d'un crime ou d'un délit, soit, en un lieu tenu secret, pour répondre de l'exécution d'un ordre ou d'une condition », d'autre part, les commentaires de magistrats qui excluent toute distinction de mobile[31], répondant d'ailleurs en cela à de nombreuses voix qui estiment que les moyens corrompent les fins, pervertissent les causes[32], avilissent le criminel politique, de plus en plus éloigné de l'archétype idéaliste du criminel politique par passion.

Qui lirait encore sans apitoiement les éloges que Laschi et Lombroso réservaient à la fin du siècle passé, à des Charlotte Corday, à des Orsini. « La beauté de l'âme surpasse en eux celle du corps. Ce sont les génies du sentiment, et c'est pourquoi, ici plus qu'ailleurs, nous sentons combien il peut paraître cruel d'assimiler aux criminels vulgaires, fût-ce même par la seule nécessité philologique, ceux qui représentent l'excès de la bonté humaine, la vraie sainteté; le seul fait de vouloir les examiner de trop près à la lumière de la psychiatrie, nous fait ressembler à celui qui essayerait d'étudier les belles courbes de la Vénus de Médicis, avec le compas géométrique, sans prendre garde à la sublime beauté de l'ensemble »[33].

4. Politiques et droit commun

A la recherche de critères objectifs de la prise d'otages politiques, on rencontre surtout des différences de degrés.

Si l'on distingue, en effet, trois groupes de prises d'otages, politiques, de temps de guerre, de droit commun, des nuances plus ou moins importantes peuvent apparaître en ce qui concerne : 1. leur dynamique; 2. leur caractère plus ou moins « ouvert »; 3. enfin, leur composante de publicité.

1. Quel que soit le type de prises d'otages, elles sont le fait de minorités : minorité politique — en ce sens qu'elle rejette le consensus de la majorité, « c'est-à-dire de ceux qui — quelle que soit leur importance numérique — détiennent la légalité au moment étudié »[34]; minorité occupante; minorité déviante.

Mais, si l'occupant crée sa légalité et interprète en fonction de l'ordre qu'il crée les limites et les modalités de la responsabilité collective[35] de la majorité réduite au silence, — si, de même, le délinquant de droit commun esquive le dialogue avec une société dont il s'est désolidarisé et cherche les voies de l'efficacité dans sa propre logique, — en revanche, le groupe politique minoritaire va chercher dans une forme de violence — le « bombardement du pauvre », suivant l'expression d'un journaliste de la radio belge — un para-langage, au terme d'un processus de détérioration de la communication qui s'est accentuée par un double mouvement de valorisation-dévalorisation et a abouti à la rupture du dialogue par les circuits institutionnalisés[36]. Ainsi, l'assassinat du ministre Pierre Laporte au Québec, pour lequel on dispose d'un recueil officiel de documents de presse exceptionnel, était interprété par la presse locale comme « le produit d'un malaise et d'un mécontentement que l'on a voulu trop longtemps ignorer »[37]. On y lisait encore : « Pour avoir refusé de discuter avec les modérés, il leur faut négocier avec les terroristes »[38]. Et le rédacteur d'un journal genevois concluait : « Si la mort de Pierre Laporte permet de débloquer le mécanisme du dialogue, cet homme d'Etat aura peut-être, par son martyre, sauvé le Canada »[39]. Dialogue de sourds, dialogue rompu, dialogue bloqué, c'est toujours, à des degrés divers, une pathologie de la relation à autrui qui engendre des formes de violence comme les prises d'otages.

2. La prise d'otages, selon son type, sera plus ou moins « signée », elle constituera une action plus ou moins « ouverte ». Elle sera d'autant plus signée qu'elle sera perçue comme légitime. Le commandement de forces d'occupation signera personnellement une proclamation annonçant la décimation d'otages à titre de peine en cas d'attaques armées des forces de résistance, d'actes de sabotage, ou de dommages provoqués par des personnes inconnues[40] : à condition que cette annonce fût faite, et qu'une

procédure judiciaire préalable à l'exécution fût suivie, certains tribunaux militaires américains de Nuremberg ont pu admettre implicitement la légitimité de telles exécutions[41]. Un groupe de pression politique revendiquera — en tant que groupe — la «responsabilité» d'une prise d'otage à laquelle il donne la signification politique d'un appel[42]. Des révolutionnaires argentins ont même instauré la pratique de proclamer le nom de leurs prochaines victimes[43]. En revanche, un ravisseur qui se conçoit comme un délinquant et ne vise qu'un but immédiat — rançonner, échapper aux poursuites, etc. — n'aura aucun intérêt à signer ses actes, et la publicité qu'on lui accordera ne pourra qu'éventuellement, en cas d'échec, donner quelques compensations à sa vanité.

Ce deuxième aspect est ainsi étroitement lié à un troisième : la publicité de la prise d'otages et les réactions de l'opinion publique.

3. Un délinquant de droit commun n'a pas, en principe, besoin que sa menace sur un otage soit publiée. Si, dans des cas exceptionnels[44], la publicité d'un tel acte permet d'alerter l'opinion et d'accroître ainsi la pression pour le versement d'une rançon par les pouvoirs publics, en principe, le kidnapping est aussi secret qu'un chantage : dans la relation maître-chanteur-victime, cette dernière cherche à étouffer l'information compromettante; dans la relation auteur-victime de l'extorsion, le kidnappeur cherche avant tout à limiter les risques et impose le silence : des indiscrétions de la presse enrayent le mécanisme, et ont eu, dans certains cas, des conséquences tragiques[45].

Dans le domaine politique — de guerre ou de paix —, la publicité est une première réussite. L'occupant poursuit un but d'intimidation, et la connaissance de la menace, qui suppose sa publicité, est une condition essentielle de la prévention générale[46]. Le groupe de protestation poursuit des objectifs à plus ou moins long terme, et gagne à la diffusion de ces objectifs. Parmi les conditions mises à la libération d'otages, figurent d'ailleurs souvent la publication de communiqués, ou la possibilité de dire sur antenne l'essentiel d'une cause.

Ici se révèle toute l'ambiguïté de l'opinion publique et de son expression dans les organes d'information collective[47]. Le libre exercice de la protestation est un droit, d'ailleurs exprimé dans le premier amendement de la Constitution américaine[48]. La violence est un moyen en principe illégitime, mais parfois le seul moyen d'attirer l'attention de l'information. Une revendication ne constitue une «nouvelle» méritant attention que si elle prend un tour spectaculaire. Dessinée alors selon l'attitude du chroniqueur, elle créera le débat sur une cause parfois inconnue jusqu'alors. «Il n'y avait que vingt-sept personnes en dehors de la Hollande et des Iles Moluques du Sud pour connaître les problèmes qu'affrontaient en Malaisie les Moluquois du Sud jusqu'à ce que ceux-ci piratent un train. En une nuit, les pirates ont changé cet état de fait, même s'ils n'ont pas obtenu ce qu'ils exigeaient»[49].

Parfois la relation de l'événement sera dès le départ — ou au départ — particulièrement complaisante. L'enlèvement du diplomate britannique James Richard Cross par les membres du Front de libération du Québec n'apparaît-il pas, à certains, par sa technique, somme toute comme un «coup fumant» revêtant «le panache des exploits d'un Arsène Lupin ou d'un Robin des Bois»[50]. Au contraire, le premier meurtre d'un otage par les Tupamaros en Uruguay, semble leur avoir momentanément enlevé leur auréole de «Robin des Bois». Mais quelle que soit la réaction, de la complaisance à l'horreur, la condamnation n'est jamais inconditionnelle: tôt ou tard, la cause transparaît et, si elle ne fait pas de nouveaux adeptes, à tout le moins est-elle diffusée.

Montréal: il ne s'agit pas seulement de chercher «des solutions de police mais de justice sociale», écrivait rapidement un journal local[51]. A Paris, lors de l'enlèvement de Robert Nogrette, les controverses qui secouèrent la presse, firent écho à la volonté des ravisseurs — exprimée lors de sa libération — d'«informer la France d'une incroyable injustice»[52] et, plusieurs semaines après, certains journaux étrangers s'interrogeaient encore sur la régie Renault: «usine bagne» ou avant-garde du procès social?[53]. Plus caractéristique encore fut la réaction de la presse à l'occasion du «massacre des innocents», à Kizildere, en Turquie; le schéma des articles était étonnamment semblable: condamnation des faits, doute éventuel sur l'efficacité du terrorisme — qui renforce paradoxalement le régime contre lequel on veut lutter —, pour se clore inévitablement par l'analyse de la situation politique en Turquie, un appel à sa mutation, et une dialectique de «spirale de violence»[54]. Sans parler, bien sûr, des incidents dramatiques de prises d'otages qui ont parsemé le combat d'Angela Davis, dans les prétoires et les prisons d'Amérique.

L'information est un premier succès. Le jugement hâtif porté sur une cause est, à l'occasion d'une nouvelle de violence, reconsidéré. L'opinion rouvre alors son procès et, sur opposition, elle donne aux motifs la priorité sur le dispositif. Ils ont enlevé, sans doute. Ils ont tué, mais encore? En présence de quelle situation sans issue le «tribunal du peuple» a-t-il «condamné» l'otage? Pourquoi a-t-il été «exécuté»? Lentement s'insinue ainsi une terminologie de légitimité appliquée à un grimaçant simulacre de justice. Les organes d'information font leurs les valeurs de la révolte. Insensiblement, comme par anesthésie, ils s'assimilent sa terminologie. Après n'avoir peut-être été que l'expression du «monopoleur de la force», l'Etat[55], tout aussi subconsciemment ils donnent à la défense un langage mimétique, également faux.

Sans doute une cause violemment exprimée suscite-t-elle plus de sympathie quand elle est lointaine que quand on y est soi-même impliqué.

Ainsi de cette réflexion d'un journaliste québécois lors de l'affaire Cross-Laporte: «Il y a maintenant huit jours que Montréal vit à l'heure de l'Amérique latine, c'est-à-dire à l'heure des enlèvements politiques. Et on ne s'explique pas pourquoi cela a pu être possible...»[56]. Et le correspondant à Washington du même journal notait chez les Canadiens anglais de Washington — surtout ceux d'origine britannique — le réflexe de recul devant «un acte odieux ravalant le Canada au rang de république de banane latino-américaine»...[57]. Quelques mois plus tard, le président Pompidou, évoquant l'enlèvement de M. Nogrette, confessait des réactions personnelles très vives «à un acte absolument inqualifiable et digne d'un pays de sauvages»...[58].

Etonnement devant une extension de la violence dans les pays démocratiques, «qui sont ceux justement où les conflits ont davantage de chances de pouvoir être réglés par des voies institutionnelles »? »[59]. Ou réflexe de répulsion devant l'inaccoutumé? Quoi qu'il en soit, l'enlèvement français fit peu progresser une cause, et le faible soutien de la masse fut sans doute l'une des raisons essentielles de l'heureux dénouement de la deuxième phase d'une affaire pourtant fort mal embranchée, deux semaines plus tôt, par le meurtre d'un ouvrier « maoïste » par un garde privé. Ceci nous amène à un dernier point: la recherche d'une politique criminelle efficace face au phénomène des prises d'otages.

5. Comment réagir?

Sous le titre « la démocratie humiliée », l'éditorialiste d'un journal québécois poussait à l'absurde la logique de la « loi de la jungle »: « Il arriverait ainsi que les seuls citoyens en sécurité seraient les condamnés de droit commun, pouvant toujours compter sur des mitraillettes pour les libérer, tandis que les citoyens respectueux des lois seraient des otages en puissance. De la sorte, chaque maison devrait se transformer en château fort, afin que chacun s'y sente autant en sécurité que derrière les barreaux »[60].

Pas mal de pays connaissent un régime de *terreur*: l'insécurité vient alors du pouvoir. A la terreur définie comme la méthode d'intimidation utilisée par les puissants, Friedrich Hacker oppose le *terrorisme* « constituant en contrepoint l'utilisation de cette méthode par les faibles, les opprimés ou les désespérés »[61]. Le mot est apparu dans la langue française après la chute de Robespierre[62]. Pour la terreur comme pour le terrorisme, l'otage paralyse l'adversaire bien plus efficacement que le bain de sang.

Le début du siècle a connu ses anarchistes. Certain rêvait de faire flamber l'Opéra pendant une soirée de gala. Il ajoutait: « Est-ce que nul d'entre vous ne sentirait pas son cœur tressaillir d'une fièvre intense en entendant le grésillement de la graisse bourgeoise et les hurlements de cette masse de viande grouillant au milieu de cet immense vaisseau de feu? »[63]. Il y a d'autres moyens d'interrompre, suivant l'expression de Marx, « la monotonie et la sécurité de la vie bourgeoise »[64] et Marx lui-même qualifiait les anarchistes à la bombe de « rêveurs de l'absolu »[65].

Le recours à l'otage fait appel à des techniques plus élaborées que la construction d'une bombe. La boîte de chimie est remplacée ici par la boîte de Pandore : dès que l'otage est pris, un jeu à trois ou davantage est mis en place, où la vie est l'enjeu. La notion de « jeu à trois »[66], de « partie de crime » (*crime game*)[67], de « vie en jeu »[68], apparaît chez les commentateurs comme chez des otages qui ont raconté leur aventure. Ce jeu s'est intégré dans la panoplie de l'« *économie de la peur* »[69], où se sont insinués également les truands.

Protéger individuellement et préventivement toute « victime innocente » potentielle est impossible. L'affaire Aldo Moro est une des plus impressionnantes démonstrations de cette impossibilité. L'affaire Schleyer en Allemagne, l'affaire Empain en France en sont d'autres exemples.

Lorsqu'il s'agit de revendications politiques, on peut certes tenter, sur le plan interne, d'éviter de couper des dialogues et de créer des causes désespérées. Sur le plan international, l'union sacrée contre certains procédés de manifestation de causes politiques est une douce utopie : l'affaire des otages de l'ambassade des U.S.A. à Téhéran a été, entre autres, un douloureux cas d'application.

Lorsque l'inévitable survient, l'intervention de corps d'élite peut être d'une remarquable efficacité : les unités spéciales ont souvent donné à ces drames un dénouement fulgurant, qu'elles fussent hollandaises dans le cas des Sud-Moluquois, allemandes à Mogadiscio, ou israéliennes à Entebbe. Ce genre d'opérations, d'ailleurs parfois malheureuses — qu'on songe au dénouement de la prise d'otages à l'ambassade d'Iran à Londres en mai 1980 —, ne sont pas toujours possibles, et de grands progrès ont aussi été réalisés dans la psychologie sociale de la négociation, notamment à l'occasion de l'affaire de Téhéran[70].

Un spécialiste de science politique, Michael Laver, a analysé avec un volontaire cynisme les règles du jeu de la prise d'otages : le problème est essentiellement de « flairer la faiblesse de l'autre » et, dans le cas de « pirates », d'identifier à quel type particulier de pirate on a affaire pour savoir les risques qu'il est prêt à prendre. Le jeu entre l'auteur et la victime est avant tout axé sur la crédibilité[71].

Reste le tiers, la «victime innocente». Si elle en réchappe, elle n'en aura pas pour autant été épargnée, et elle ne sera plus comme avant. Le monde qu'elle aura connu comme otage est un monde à l'envers: «les bons, ce sont ceux qui me font, disons, survivre et dont dépend ma vie. Ils sont mes patrons. Les mauvais, c'est l'extérieur, mon entourage, qui n'y va pas de ses deniers, la police». A sa libération d'une séquestration pourtant odieuse, le baron Empain éprouve de véritables difficultés à reclasser ses idées: «Les 'bons' étaient d'autant meilleurs que c'était eux, finalement, qui m'avaient libéré alors que les 'mauvais', à l'extérieur, n'avaient rien fait — c'est ainsi que je voyais les choses, bien sûr — et (...) me posaient toutes sortes de questions, me soumettaient à des interrogatoires serrés comme si j'étais coupable. Tout cela n'était pas conscient en moi. Ça l'est devenu par la suite. Mais c'était quelque chose de si fort que, lors de la première convocation du juge d'instruction, j'ai véritablement, dans mes réponses, protégé mes ravisseurs»[72]. Même en dehors d'une cause politique, s'observe donc ce syndrome «de Stockholm» (du nom du lieu d'une prise d'otages où cette relation inversée avait d'abord été mise en lumière) et aussi ce que le baron Empain appelle le «syndrome de culpabilité»: l'impression plus ou moins avouée qu'on est coupable d'avoir été enlevé, renforcée par toutes les suppositions et le remue-ménage de toute la vie privée qui avaient occupé à l'extérieur le temps de sa séquestration. Comme pour beaucoup de victimes de violences graves, le traumatisme ne guérit pas vraiment.

NOTES

[1] *Encyclopédie ou Dictionnaire raisonné des sciences, des arts et des métiers*, t. XIe, Neufschastel, Samuel Faulche, 1765, v° Otage, pp. 695-696.
[2] Voy. à ce sujet Glaser, S., *Droit international pénal conventionnel*, Bruxelles, Bruylant, 1970, n° 34, pp. 50-51, et la référence, en particulier, à l'art. 3 des Conventions de Genève de 1949.
[3] 4e Convention de Genève, relative à la protection des personnes civiles en temps de guerre, art. 34 et 147; voy. Constant, J., Les sanctions pénales des conventions humanitaires internationales, *Bull. int. Serv. santé Armées*, 277, juillet 1954, pp. 319-351.
[4] Ainsi, une œuvre d'art, telle la «Lettre d'amour» de Vermeer, volée pour attirer l'attention sur le drame des Bengalis, par un jeune aussitôt auréolé du pseudonyme «Thyl du Limbourg»: v. notamment *Le Soir* du 26 février 1972, p. 4.
[5] Cf. Cornil, P., «Criminalité et déviance. Essai de politique criminelle», *Rev. Sc. crim.*, 1970, pp. 298-299; du même auteur, «Avant-propos» du numéro spécial consacré aux «attentats contre la navigation aérienne», *Rev. Dr. pén.*, 1971-1972, p. 279.
[6] Faugeron (Cl.), Saudinos (D.) et Robert (Ph.), *Protestation de groupes, violence et système de justice criminelle*, rapport au 3e symposium international de criminologie comparée (Versailles, 1971), dactylographié, pp. 4 et 10.
[7] J'emprunte à Léauté cette idée, qui pourrait s'appliquer à toute forme de grève.
[8] Merlin, *Répertoire universel et raisonné de jurisprudence*, 4e éd., t. X, v° Rapt, Paris, Garnery, 1813, p. 710. Voy. également Sohet, *Instituts de droit*, 1772, L. V, t. 13: «Des adultères, incestes, rapts, viols, stupres et semblables crimes», n° 7 (p. 32); Yans, M., Textes liégeois relatifs au rapt et au consentement paternel (fin du XVIIIe s.), *Annuaire d'histoire liégeoise*, t. IV, n° 1 (1948), pp. 23-99; Aubry, J., *La Jurisprudence criminelle du Châtelet de Paris sous le règne de Louis XVI*, Paris, L.G.D.J., 1971, L. II, T. II, «Crimes de luxure». Le rapt est un enlèvement indépendamment de toute violence sexuelle ultérieure. Le droit anglais conserve le terme *rape* pour désigner le viol; Prothais, A., *Tentative et attentat*, Paris, Librairie générale de droit et de jurisprudence, 1985, p. 179.
[9] Merlin, *loc. cit.*
[10] Voy. *Encyclopedia britannica*, v° Hostage.
[11] Le mot otage dériverait, suivant le Larousse, du latin populaire *obsidaticum*.
[12] Pottecher, J., Observations sur la criminologie de l'empoisonnement, *in*: Travaux de la semaine internationale de Strasbourg, 18-22 mai 1954: *Les orientations nouvelles des sciences criminelles et pénitentiaires*, Paris, Dalloz, 1955, p. 208.
[13] 27e Congrès: voy. *Le Soir*, 27 avril 1972, p. 6.
[14] Voy. les nombreuses références fournies par Marchal, A., Jaspar, J.P., *Droit criminel, traité théorique et pratique*, 3e éd., t. III, Bruxelles, Larcier, 1982, pp. 366 et sv.
[15] Voy. le numéro spécial de la *Rev. Dr. pén. crim.*, 52/3-4 (1971-1972), pp. 279-480, consacré aux «Attentats contre la navigation aérienne (Déroutements, *Hijacking*)». A la convention de Tokyo (14 septembre 1963, loi belge du 15 juillet 1970) s'ajoutèrent les conventions de La Haye (16 décembre 1970, loi belge du 2 juin 1973) et de Montréal (23 septembre 1971, loi belge du 20 juillet 1976): voy. le commentaire de ces dispositions dans Marchal et Jaspar, *op. cit.*, pp. 373 sv.
[16] Marchal et Jaspar, *op. cit.*, p. 371; voy. l'ouvrage de Chambliss, W.J., *Piracy: Law, State, and Crime*, sous presse.
[17] Laver, M., *Crime-partie*, trad. française de l'ouvrage *The crime game* (Oxford, Robertson, 1982), Paris, Aubier Montaigne, 1986, p. 90.
[18] Voy., sur ce thème, Kellens, G., Crise économique et criminalité économique, *L'Année sociologique*, 29 (1975), pp. 191-221; Bosly, H.D., Droit pénal, conflits collectifs

du travail et conflits de valeurs, in: Verhaegen, J., éd., *Licéité en droit positif et références légales aux valeurs*, Bruxelles, Bruylant, 1982.
[19] Voy. l'affaire du rapt de Michaël Luhmer, à Niederbachen (Bonn), *La Libre Belgique* des 3 mars 1971 (p. 6) et 4 mars 1971 (p. 10).
[20] Sinon, il s'agit de représailles: voy. Kalshoven, F., *Belligerent Reprisals*, Leyden, A.W. Sijthoff, 1971, p. 224; cf. cependant l'appellation traditionnelle de la loi rendue sous le Directoire, le 24 messidor an VII, dite la «loi des otages», qui tenait les parents des émigrés pour responsables de la fuite et des complots de ces derniers.
[21] *L'Otage*, de Paul Claudel.
[22] Branham, V.C. et Kutash, S.B., *Encyclopedia of criminology*, New York, Philosophical Library, 1949, v° Kidnapping, p. 217.
[23] Sutherland, E.H. et Cressey, D.R., *Principes de criminologie*, traduction de la 6e édition américaine, Paris, Cujas, 1966, pp. 262-264.
[24] Parmi les «crimes et délits contre la sécurité publique», les crimes relatifs à la prise d'otages sont énoncés de la façon suivante: *Art. 347bis*: La prise d'otages sera punie des travaux forcés à perpétuité.
Constituent une prise d'otages, l'arrestation, la détention ou l'enlèvement de personnes pour répondre de l'exécution d'un ordre ou d'une condition, tel que préparer ou faciliter l'exécution d'un crime ou d'un délit, favoriser la fuite, l'évasion, obtenir la libération ou assurer l'impunité des auteurs ou des complices d'un crime ou d'un délit. La peine sera les travaux forcés de 15 ans à 20 ans si dans les 5 jours de l'arrestation, de la détention ou de l'enlèvement, la personne prise en otage a été libérée volontairement sans que l'ordre ou la condition ait été exécuté.
La peine sera la peine de mort si l'arrestation, la détention ou l'enlèvement de la personne prise comme otage a causé, soit une maladie paraissant incurable, soit une incapacité permanente physique ou psychique, soit la perte complète de l'usage d'un organe, soit une mutilation grave, soit la mort.
La même peine sera appliquée si les malfaiteurs ont soumis la personne prise comme otage à des tortures corporelles.
[25] Sur cette loi, voy. les développements et l'abondante bibliographie de Marchal et Jaspar, *op. cit.*, pp. 325 sv.
[26] *Le Soir* du 14 février 1986.
[27] Voy. notamment Von Hentig, H., *Zur Psychologie der Einzeldelikte*, IV (Erpressung), 1959; Geerds, F., Erpressung, in: Sieverts, R., *Handwörterbuch der Kriminologie*, Berlin, De Gruyter, 1966, pp. 179-188.
[28] Recommandation 654 (1972) de l'Assemblée consultative du Conseil de l'Europe, «relative au rôle du Conseil de l'Europe dans le domaine du droit pénal», *Rev. Dr. pén. crim.*, 1971-1972, pp. 724-725, spécialement le point 7 (c).
[29] Voy. les travaux du 3e Symposium international de criminologie comparée (Versailles, 1971) sur *La crise de l'administration de la justice dans les zones métropolitaines*, et le rapport de Faugeron *et al., op. cit.*
[30] Faugeron *et al., op. cit.*, p. 9.
[31] Combaldieu, R., L'inquiétante évolution de la criminalité contemporaine et la sécurité publique, *Dalloz-Sirey*, 1971, chronique XIII, pp. 89-92.
[32] Editorial du *Monde*, 1er avril 1972, «Le massacre des innocents», à propos du drame de Kizildere.
[33] Laschi et Lombroso, *Il delito politico*, Turin, Bocca, 1890; en éd. française: *Le crime politique et les révolutions*; voy. l'analyse de Homad Sultan, A., *La répression de la criminalité politique en droit comparé*, Paris, Padoue, 1943, pp. 99-112, et la rubrique «Politiques (crimes)», in: Yamarellos, E. et Kellens, G., *Le crime et la criminologie*, coll. «Marabout-Université», 1970, t. II, p. 94 sv.

[34] Faugeron et al., op. cit.
[35] Kalshoven, op. cit., p. 225.
[36] Faugeron et al., op. cit., pp. 12, 13, 16.
[37] L'affaire Cross-Laporte, Documents de presse, Gouvernement du Québec, Ministère des communications, Office d'information et de publicité, 1971, 3ᵉ cahier, p. 36.
[38] Ibid., 2ᵉ cahier, p. 93.
[39] Ibid., 4ᵉ cahier, p. 63.
[40] Au cours de la 2ᵉ guerre mondiale, les prises d'otages par l'armée allemande ont suivi les directives de Keitel : « Vu les attentats dont les membres des forces armées ont récemment été les victimes dans les territoires occupés, il apparaît opportun pour le Gouvernement militaire, de disposer en permanence d'un certain nombre d'otages, appartenant à différentes tendances politiques, à savoir :
1. nationales
2. démocrates-bourgeoises
3. communistes.
Il est essentiel à cet égard que parmi les otages se trouvent des personnalités dirigeantes connues ou des membres de leur famille, dont les noms seront publiés.
En cas d'attentat, les otages seront choisis dans le groupe auquel appartient l'auteur » (cité par Dautricourt, J.Y., La protection pénale des Conventions internationales humanitaires, Rev. Dr. pén. crim., 1954-1955, pp. 778-779).
[41] Kalshoven, op. cit., pp. 227-228.
[42] Faugeron et al., op. cit., p. 10.
[43] Ainsi un industriel belge était-il informé qu'il avait été jugé par un tribunal du peuple et condamné à mort sous l'accusation « d'opprimer le peuple et d'appartenir à une entreprise impérialiste » (il s'agit de Coca-Cola Argentine) (voy. Le Soir, 6 mai 1972, p. 4).
[44] Par exemple, dans l'affaire Luhmer, citée supra, n° 19.
[45] Sutherland cite notamment le cas d'une célèbre affaire d'enlèvement d'enfant où une note menaçait de tuer l'enfant, si des divulgations étaient faites à la police ou aux journaux. Le reporter d'un journal de New York obtint vérification du kidnapping en se présentant au téléphone comme un agent des ravisseurs et l'histoire parut dans son journal. Plus tard, on découvrit le cadavre de l'enfant (voy. Sutherland et Cressey, op. cit., p. 227).
[46] Voy. Pinatel, J., La prévention générale d'ordre pénal, Rev. Sc. crim., 1955, pp. 554-561; voy. également les recherches de K.O.L. (connaissance de et opinion sur le droit) de Kuschinsky, B., La perception de la déviance : aperçu des recherches empiriques, in: La perception de la déviance et de la criminalité, Strasbourg, Conseil de l'Europe, 1972.
[47] Voy. Kellens, G., Opinion publique et criminalité, Rev. Institut de Sociologie (Bruxelles), 1971, pp. 215-232.
[48] Faugeron et al., op. cit., p. 5.
[49] Laver, op. cit., p. 181.
[50] L'affaire Cross-Laporte, op. cit., 1ᵉʳ cahier, p. 136.
[51] Ibid., p. 148.
[52] Le Soir, 11 mars 1972, p. 3.
[53] Le Soir, 2-3-4 avril 1972, p. 2.
[54] Robert J., Violence ou non-violence : des frontières flottantes, Le Monde du 1ᵉʳ avril 1972, pp. 1-3, et la référence à Dom Helder Camara, La spirale de violence. Un éditorial de Kiesel, F., dans le journal belge La Cité des 1-2 avril 1972, p. 1, fournit un exemple typique du schéma dialectique que nous évoquons.
[55] Faugeron et al., op. cit.
[56] L'affaire Cross-Laporte, op. cit.

[57] *Ibid*, p. 136.
[58] *Le Monde* du 10 mars 1972, p. 1.
[59] Faugeron *et al.*, *op. cit.*
[60] *L'affaire Cross-Laporte*, *op. cit.*, 1ᵉʳ cahier, p. 124.
[61] Hacker, F., *Terror*, Vienne, 1973 (traduit en français sous le titre *Terreur et terrorisme*, par G. Cornillieau, Paris, Flammarion, 1977); synthèse reprise de Marchal et Jaspar, *op. cit.*, p. 314.
[62] Marchal et Jaspar, *ibid.*, p. 308.
[63] Aubry, P., Les anarchistes, *in: La contagion du meurtre*, Paris, Alcan, 1896, pp. 256-281.
[64] Marx, K., Bénéfices secondaires du crime, *in*: Szabo, D. et Normandeau, A., *Déviance et criminalité*, Paris, Colin, 1970, p. 85.
[65] Enzensberger, H.M., Les rêveurs de l'absolu, *in: Politique et crime*, traduction française, Paris, Gallimard, 1967, p. 300.
[66] Marchal et Jaspar, *op. cit.*
[67] Laver, *op. cit.*
[68] Baron Empain, *La vie en jeu, Autobiographie*, Paris: Lattès, 1985.
[69] Laver, *op. cit.*
[70] Miron, M.S. et Goldstein, A.P., *Hostage*, New York, Pergamon Press, 1979; Salinger, P., *Otages, Les négociations secrètes de Téhéran*, Paris, Buchet-Chastel, 1981; Touzard, H., Du nouveau dans le domaine de la psychologie sociale de la négociation?, *L'Année sociologique*, 34 (1984), pp. 279-296; Pelsmakers, G., Prise d'otages, La psychologie au service des victimes, *Revue de la Gendarmerie*, 95 (1/1984), pp. 14-23.
[71] Laver, *op. cit.*, pp. 201, 203, 206.
[72] Baron Empain, *op. cit.*, pp. 136 sv.

Chapitre 3
Le viol

1. Une notion évolutive

Que ce soit dans des Etats où la législation fournit une définition du viol — par exemple les codes des Etats-Unis — ou dans des pays où le viol est puni par la loi mais n'est pas défini parce qu'il est «censé connu de tous»[1] — en France et en Belgique par exemple —, le viol était, jusqu'il y a peu, conçu comme les relations sexuelles imposées par un homme à une femme, en dehors du mariage, contre son consentement[2], et classé parmi les crimes et délits contre l'ordre des familles et la moralité publique.

Tous ces éléments changent dans les législations récentes, et la jurisprudence amorce également différents tournants. La loi italienne votée en octobre 1984 fait du viol un crime contre l'individu et ses libertés personnelles, au lieu de l'atteinte à la morale publique, qu'il était auparavant. La poursuite, qui était subordonnée au dépôt d'une plainte, est devenue publique, mais la constitution de partie civile de sujets collectifs (mouvements féminins, associations, etc.), qui était envisagée, n'a pas été retenue[3]. La loi pénale française du 23 décembre 1980 a, en revanche, admis cette présence des associations dans les procès. Elle a encore élargi la notion de viol et a éliminé la distinction de sexe. Elle a encore préservé tant lors de l'instruction qu'au cours des débats et à la suite du procès, le secret de l'identité de la victime. C'est la victime et non le tribunal qui décide si le procès doit ou non avoir lieu à huis clos[4]. En Belgique, les projets législatifs incriminent le viol entre époux, suivant une voie déjà tracée par la jurisprudence[5].

Les critiques à l'égard des législations américaines portent surtout sur les problèmes de preuve et de procédure, et spécialement sur l'attention anormale que l'on porte sur la victime, sur son consentement, sur sa résistance, sur l'accord que l'on pouvait supposer d'elle, sur son passé sexuel, sur les éléments corroborants d'examens médicaux immédiatement après les faits. Obtenir une condamnation se heurterait au zèle excessif de la police, aux résistances de la poursuite et du jury, à la tendance à prononcer des peines relativement modérées. Le viol connaîtrait un traitement différent des autres crimes, et fondamentalement irrespectueux des femmes[6].

2. Un champ conflictuel

L'action des mouvements féminins a été déterminante de très importants changements. Très typique est l'évolution comparée que l'on observe des statistiques de trois ordres constituées aux Etats-Unis au début des années 1980 : alors que les statistiques du F.B.I., qui reflètent les faits portés à la connaissance de la police, continuaient leur ascension nette, cependant que les statistiques judiciaires, qui recensent le nombre de condamnations, étaient en légère augmentation, les statistiques de «victimisations», c'est-à-dire les faits que de vastes échantillons de personnes disaient avoir subis, étaient en diminution. Il semble clair que, ces dernières années, le comportement de plainte des femmes a été moins inhibé, à la fois par l'incitation directe à une libération et à une affirmation personnelles, et indirectement, par l'anticipation d'un accueil moins défavorable du système pénal, auquel des «flashes» publicitaires à la T.V. incitaient à recourir.

Les mouvements féministes n'ont cependant pas affirmé une

politique cohérente face au viol. Comment d'ailleurs aurait-il pu en être autrement ? Les divergences se sont marquées de différentes manières : certains groupes souhaitaient une prise en considération sérieuse du problème, sans cependant demander des augmentations de peines, alors que d'autres voyaient dans les peines la reconnaissance essentielle de la gravité[7]. De manière plus nette encore, pour protéger les «minorités» (en termes de pouvoir) sexuelles, certains ont sacrifié des minorités raciales : contre le sexisme, certains ont utilisé le racisme. Angela Davis a ainsi pu accuser Susan Brownmiller, l'auteur d'un ouvrage sur *le viol* qui l'avait fait consacrer par le magazine *Times* comme l'une des dix femmes de l'année 1976[8], d'avoir contribué à ressusciter le vieux mythe raciste du violeur noir, rejoignant les arguments pseudo-biologiques d'autres auteurs féminins, comme Diana Russel ou Jean McKellar[9].

Angela Davis rappelle d'abord une précaution méthodologique élémentaire : l'exigence de distinguer les viols commis de ceux qui sont enregistrés par la police. Les catégories sociales sont représentées de manière très différente dans les deux groupes : selon l'image donnée par Landreville, si le jardinier viole la châtelaine, il a plus de risque d'être inculpé que le châtelain qui viole la soubrette. Elle rappelle ensuite l'histoire du mythe du violeur noir, qui est né comme justification du lynchage. Pendant la guerre de Sécession, pas un seul esclave noir ne fut publiquement accusé d'avoir violé une femme blanche. Si les noirs avaient été conformes à l'image mythique, les cas de viol auraient dû être nombreux à un moment où les femmes blanches n'étaient plus protégées par les hommes qui combattaient dans l'armée des Confédérés. A l'époque de l'esclavage, le lynchage des Noirs n'existait pratiquement pas, «tout simplement parce que les propriétaires d'esclaves hésitaient à détruire leur précieuse propriété. Le fouet, certes, mais pas le lynchage»[10].

Après l'émancipation, les Noirs cessèrent d'avoir une valeur marchande pour leurs anciens propriétaires. Pendant qu'Ida Wells enquêtait pour son premier pamphlet contre le lynchage, publié en 1895 sous le titre *A Red Record*, elle calcula que plus de 10.000 Noirs avaient été assassinés de sang-froid, entre 1865 et 1895, sans formalité de procès ni simulacre d'exécution légale, dans le même temps que trois Blancs avaient été jugés, emprisonnés et éxécutés. Au cours de la première vague de lynchages, il n'y avait eu aucune propagande exhortant à défendre les femmes blanches contre l'instinct de viol des Noirs. Le prétexte des exécutions sommaires était l'affirmation de complots noirs, d'insurrections noires, de conspirations visant à assassiner tous les Blancs, à incendier la ville et à commettre des actes de violence. C'est lorsque ces prétextes n'apparurent plus crédibles qu'apparut le mythe du violeur noir, après 1872, au cours d'une période marquée par la recrudescence de milices comme le Ku-Klux-Klan et les Knights of the White Camellia (les Chevaliers du camélia blanc). Les répercussions du nouveau mythe furent énormes. «Non seulement personne ne s'opposa plus ouvertement au lynchage individuel (qui aurait osé défendre un violeur?), mais le soutien des Blancs à la cause des Noirs en général commença à décliner»[11]. Pourtant, une étude publiée en 1931 par la Commission du Sud d'enquête sur le lynchage révéla que, entre 1889 et 1929, une victime sur six seulement était sous le coup d'une rumeur de viol: le mythe manquait de cohérence. Ce n'est que très péniblement, après 1930, que des mouvements de femmes noires parvinrent à remobiliser l'opinion, en faisant comprendre que «le racisme est une provocation au viol, et (que) les Américaines blanches en ont nécessairement subi le contrecoup»[12]. La recrudescence du racisme pendant les années 1970 s'est accompagnée d'un renouveau du mythe du violeur noir, et l'épidémie affirmée de viols concorde avec la réapparition du Ku-Klux-Klan et l'épidémie d'agressions contre les Noirs, les Chicanos, les Porto-Ricains et les Indiens.

Les mythes de violences n'ont pas pour seule fonction de justifier d'autres violences. Philippe Robert et ses collègues[13] ont pu montrer que l'entretien d'un autre mythe, par l'hypertrophie du viol collectif, a pu remplir une double fonction. Principalement, il a contribué à maintenir une morale sexuelle à un moment où pas mal de crises annonciatrices, pendant les années soixante, commençaient à se faire sentir: pour maintenir le jeu de moralité, il suffisait de jeter, de temps à autre, quelque brindille sur le feu. En abordant le mythe sous un angle répressif, les pouvoirs publics soulignaient que le défoulement fantasmatique qu'ils autorisaient ne devait pas quitter le niveau des fantasmes. Accessoirement, ils permettaient à d'autres d'agir éventuellement de la même manière et impunément grâce à la protection de quelques boucs émissaires et sans que s'effondre la morale publique.

3. Une comptabilité confuse

Les chiffres les plus fantaisistes ne font que banaliser ce qui peut être un drame.

Angela Davis, si lucide par ailleurs, n'osait-elle pas faire état d'un «bilan terrible», en disant qu'aujourd'hui aux Etats-Unis «très peu de femmes peuvent affirmer qu'elles ont échappé au viol où à la tentative de viol»[14]. Chesnais, si justement critique par ailleurs, n'adopte-t-il pas comme monnaie comptant, sans précaution, les statistiques du F.B.I., d'Interpol, de la justice ou de la police française. Ainsi dira-t-il par exemple que 28,4 % des personnes mises en cause dans les affaires recensées par la police en 1972 étaient des étrangers, alors que les étrangers «ne représentent qu'à peine dix pour cent des groupes d'âges adultes masculins», et il conclura: «cette grande peur, si répandue chez les femmes, du rôdeur au visage basané, n'est donc pas si irrationnelle qu'on veut parfois le croire. Dans la population musulmane, la pauvreté, l'isolement, la ségrégation sexuelle viennent s'ajouter à l'influence d'une culture qui honore le plaisir sexuel mais qui tend à réduire le corps de la femme à son seul sexe. Aux Etats-Unis, le phénomène est plus net: près de la moitié des arrestations pour viols (48,4 pour cent en 1978) concernent des Noirs»[15]. Emporté par sa démonstration, Chesnais engage la confiance qu'il inspire comme chercheur confirmé dans un texte où sans précaution, on passe de la catégorie «affaire recensées par la police à charge d'étrangers» à celle des «groupes d'âges adultes masculins», puis des hommes «au visage basané», puis musulmans, avant de parler des arrestations de Noirs américains, et cela dans un alinéa où il veut faire le «portrait du violeur de fillettes», par opposition au «violeur de femmes», lui aussi d'origine modeste, mais surtout alcoolique, que «l'ivresse dépouille des scrupules de la civilisation». Et puis, dans le même deuxième alinéa, il utilise la statistique des condamnés en assises dont la profession nous est connue pour constater que «près des deux tiers — cent quatre-vingts — sont ouvriers», mais que l'argent peut avoir, pour ceux qui ne figurent pas parmi les accusés, fait taire la victime, ou la considération sociale retenir le ministère public de poursuivre. Face au phénomène du viol, les meilleurs méthodologues perdent leur sang-froid.

4. La sexopathie la plus grave

Colin a montré qu'il convenait d'envisager le viol dans sa dimension sociale, non comme une maladie de l'agresseur ou de la victime ou de son entourage, mais «comme un véritable trouble des relations interpersonnelles, comme une pathologie du dialogue interhumain à son niveau sexuel fondamental, bref, comme une sociopathie». C'est ainsi qu'il a considéré le viol comme la force la plus grave de «sexopathie»[16].

Le viol collectif lui est apparu comme particulièrement symptomatique de l'absence d'intégration véritable des conduites sexuelles au niveau du groupe dans les sociétés comme la nôtre. Colin décrit de la façon suivante la forme la plus typique de ce phénomène: «La bande de jeunes a une structure très homosexuelle ou ambosexuelle et la fille, la fille de la bande, intervient moins comme un objet sexuel que comme un vague élément de cohésion. L'acte sexuel collectif a un caractère très primitif qui évoque le repas pris en commun par le clan. De même que, dans le clan, le chef est celui qui doit apporter la nourriture (Lévi-Strauss, *Tristes topiques*), de même, ici, le chef du moment est celui qui sacrifie «sa fille» à la bande, qui lui apporte la nourriture sexuelle. Faut-il ajouter que souvent la fille, en s'identifiant à l'adolescent mâle, vêtue comme lui de blue-jeans et de blouson, accentuera le caractère homosexuel du «barlut». C'est l'un de ses membres, mal différencié, que le groupe dévore»[17].

«Il est curieux de constater que certaines conduites sexuelles insolites des adolescents contemporains se présentent comme de véritables résurgences de ces usages archaïques, résurgences qui dissonent avec le reste de l'évolution sociale. Des conduites qui avaient leur place au niveau culturel des boro-boros apparaissent chez nous comme des reliquats isolés et témoignent de l'impossibilité de notre civilisation à structurer le sexuel au même titre que le technique... Dans une société qui ne sait plus reconnaître à la sexualité son caractère primordial de dialogue, qui, ne sachant plus dire l'amour, le fait, l'acte sexuel illégal est l'aboutissement d'un processus de désengagement. Le trouble sexuel isole, stoppe toute communication. Il est l'échec de l'ouverture amoureuse à l'autre, de ce que De Greeff appelait «le stade oblatif»[18].

Le viol est en effet tout le contraire de l'offre de soi-même. Il est domination sans conquête. Il est intrusion de violence.

5. Avant tout de la violence

Sur un plan juridique, l'élément caractéristique du viol est la violence: «c'est la violence qui constitue sa criminalité tout entière; elle n'est pas seulement une circonstance aggravante, elle en est la base essentielle; elle ne forme donc point une question à part; elle est comprise dans le viol, qui la suppose nécessairement»[19].

C'est surtout dans le souci de faciliter la preuve et d'éviter des examens humiliants que des auteurs comme Bulthé et Remouchamps[20] ont repris ces grands principes en suggérant que le viol ne soit plus poursuivi en tant que crime où l'élément sexuel est central, mais comme crime de violence.

«La difficulté de constater la violence, dans un acte secret où la résistance a ses degrés et la volonté ses caprices, avait porté les anciens jurisconsultes à établir certaines présomptions d'où ils déduisaient son existence. Ainsi, pour qu'une accusation de viol pût être accueillie, il fallait: 1. qu'une résistance constante et toujours égale eût été opposée par la personne prétendue violée; car il suffit que cette résistance ait fléchi quelques instants pour faire présumer le consentement; 2. qu'une inégalité évidente existât entre ses forces et celles de l'assaillant; car on ne peut supposer la violence lorsqu'elle avait les moyens de résister et qu'elle ne les a pas employés; 3. qu'elle eût poussé des cris et appelé des secours: *Vim in rapta tum fieri intelligitur*, dit Damhouder, *quando mulier magna clamore imploravit alicujus opem et axilium*; 4. enfin, que quelques traces empreintes sur la personne témoignassent de la force brutale à laquelle elle avait dû céder.

« Notre législation moderne a cessé de définir les preuves et de lier les juges par des présomptions légales. Mais ces règles pleines de sagesse peuvent encore servir de guide aux magistrats dans les informations criminelles; ce sont d'utiles précautions recueillies par l'expérience, pour conduire à la découverte de la vérité »[21].

Ce commentaire date de 1860. Il n'a cependant pas entièrement perdu son actualité, ainsi qu'en témoignent les arguments que continue à soutenir la défense dans des procès de viol[22].

Il reste que, tout en ayant soin de ne pas faire du procès une nouvelle épreuve — ce qu'on appellera en «victimologie» une «victimisation secondaire» —, cette preuve devra être aussi exigeante que dans n'importe quel procès pénal. Les risques d'erreur judiciaire sont très réels: la mythomanie — plus fréquente chez les jeunes filles à l'époque de la puberté — a réussi assez souvent à induire en erreur des experts. Le cas La Roncière (1834) est typique en cette matière: un lieutenant fut accusé par la fillette d'un colonel, dont il fréquentait la famille, de l'avoir violée. Il fut condamné à dix ans de réclusion, qu'il subit effectivement. Par la suite, il fut réhabilité, et nommé dans de hautes fonctions publiques. Il avait été victime d'une jeune fille hystérique, âgée de seize ans. Plus récemment, le film *Les risques du métier* a posé un problème du même genre dans le cas de trois jeunes filles accusant faussement, pour diverses raisons personnelles, leur instituteur de leur avoir imposé des attentats à la pudeur.

6. Une expression sexuelle de l'agression

Verkrachting en néerlandais. *Forcible rape* en anglais. Les expressions elles-mêmes, qui désignent le viol en droit, sont marquées de violence.

Les données criminologiques ne démentent pas cette présentation du viol comme comportement de violence. Groth, synthétisant la littérature clinique disponible, montre que le viol sert avant tout des besoins non sexuels dans la psychologie de l'auteur de l'attentat. Le viol n'est pas avant tout l'expression agressive de la sexualité: il est plutôt l'expression sexuelle de l'agression. Le violeur n'attaque pas parce qu'il est frustré ou privé sur le plan sexuel, pas plus que l'alcoolique ne boit parce qu'il a soif. Il résulte de cela que la sélection de la victime est déterminée d'abord par la disponibilité et la vulnérabilité plutôt que par l'attirance sexuelle, et que n'importe qui peut être victime d'une agression sexuelle. Le viol n'arrive pas seulement à des jeunes femmes adultes mais à des personnes des deux sexes et de tous âges, des enfants aux personnes âgées[23].

Si l'on aborde la dynamique du viol, différents motifs peuvent intervenir chez différents délinquants, et ce qui peut décourager un type d'assaillant peut aggraver la situation avec un autre type. Le viol est un acte complexe et il n'y a pas de stratégie infaillible à suivre dans tous les cas[24]. Certains éléments de psychologie sociale appliquée, distinguant notamment des stades dans une agression et des réactions appropriées face à différentes situations à ces différents stades, peuvent aider à éviter de commettre des erreurs dans l'évitement, la défense ou la riposte[25], mais supposent pour leur mise en œuvre une maîtrise de soi qui, à défaut d'être naturelle, sera mieux assurée par une préparation psychologique ou sportive.

L'expression sexuelle de l'agression pourra revêtir des facettes diverses. Toutes seront présentes à des degrés divers, mais l'une ou l'autre sera prédominante. Groth distingue d'abord le viol de *fureur* ou de rage, caractérisé par sa brutalité: le sexe est le moyen de dégrader la victime et de se venger sur elle des torts qu'il estime avoir subis des autres. Son but est de punir et d'humilier, et non d'obtenir une gratification sexuelle. Le langage est abusif et heurtant. Le viol de *pouvoir* compenserait des sentiments d'insuffisance, et permettrait d'exprimer la maîtrise, la force, la domination, le contrôle, l'autorité, l'identité. Le viol est anxieusement préparé. Le langage est fait d'ordres et de commandements. Comme il ne parvient pas à maîtriser sa propre vie, l'auteur prend possession de quelqu'un d'autre sans chercher aucune négociation ou aucun consentement. Le viol *sadique* se caractériserait par des actes symboliques ou rituels comme le ficelage ou la torture. Contrairement à l'image sexuelle qu'on pourrait avoir du viol, le dysfonctionnement sexuel durant le viol est très fréquent, et l'absence de traces séminales est plus fréquemment observée que leur présence : le viol est avant tout une agression. L'alcool n'est jamais la cause du viol, mais l'alcoolisation peut procéder des mêmes motifs que le viol : ce seront des symptômes parallèles mais séparés des mêmes problèmes. Il aura violé le samedi soir et il aura trop bu, ce qui lui est typique le samedi soir[26].

La personnalité du violeur sera caractérisée par une image dévalorisante, une faible estime de soi, des doutes sur sa masculinité, des relations sociales distantes, un sentiment de vide, un égocentrisme irrespectueux de lui-même, un sentiment d'être en dehors de la vie communautaire. Il aura développé peu de ressources non sexuelles pour se construire une identité personnelle. Souvent, dans l'histoire du développement de personnes à haut risque de délinquance de viol, on trouvera le fait d'avoir été soi-même victime d'un traumatisme sexuel ou d'une agression sexuelle : on a pu retrouver ce trait chez quelque 81 % de délinquants sexuels identifiés, contre 28 % chez des délinquants non sexuels, et 9 % dans une population non clinique de jeunes universitaires. Leur socialisation, au lieu de mener à une identification empathique, les aura menés à s'identifier dans le rôle d'agresseurs : ils auront converti leur dépression en agression, et contre-attaqué pour retrouver une maîtrise d'eux-mêmes[27].

Au plan du traitement, ces considérations impliquent que l'emprisonnement sans un complément de méthodes de traitement — qu'elles relèvent de la chimiothérapie, du conditionnement, de la psychothérapie orientée vers le contrôle de soi — et d'accompagnement psycho-social dans la vie libre laisse le risque entier pour la suite.

Parmi les éléments de prévention, l'environnement socio-culturel est capital. L'avilissement de la femme dans les média, l'éducation de soldats à traiter en objets les femmes ennemies — comme on a pu l'observer dans trop de guerres, et notamment dans un passé encore récent au Vietnam —, et bien entendu des idéologies dévalorisantes établissant entre les sexes des rapports de domination, banalisent ou normalisent la barbarie[28].

7. Les victimes

Les conséquences de ce genre de phénomènes massifs peuvent être dramatiques. Suzanne Brownmiller explique le drame démographique provoqué par le viol des femmes du Bengla Desh par les armées pakistanaises. Le viol aurait été si généralisé, et le rejet des femmes par leur mari ou leur famille si catégorique, que la société en fut complètement désorganisée[29]. Mais c'est surtout le drame individuel qui est étudié et que différents types de prise en charge juridique et médico-psycho-sociale urgente — comme en Belgique «SOS Viol» —, ainsi qu'une attitude adéquate des autorités policières, judiciaires, hospitalières et sociales, doivent permettre d'atténuer autant que possible[30].

Une jeune dame peintre de l'Ecole du Caravage fut, à 18 ans, en 1611, «flétrie par contrainte» par un collègue. A la suite de la plainte déposée par son père, un tribunal pontifical connut un procès de six mois «où artisans, lavandières, peintres, fourriers, barbiers font tour à tour leurs dépositions»: «c'est le baroque lui-même qui parle»[31]. «Artemisia et Agostino furent les seuls à se renvoyer sans fin les mêmes arguments: elle soutenait qu'elle avait été violée, lui disant qu'elle mentait et qu'il était notoire qu'elle était une femme de mauvaise vie». Elle-même fut torturée sur l'ordre du juge qui voulait savoir si elle avait dit toute la vérité. Elle subit les «sibilli»: ses doigts furent liés de lacets serrés de plus en plus fortement: «Voilà donc l'anneau de mariage dont tu me fais présent et ce sont là tes promesses»...[32]. Roland Barthes analyse le tableau qu'elle fit de Judith, l'héroïne juive qui sortit de la ville assiégée, se rendit auprès du général ennemi, le séduisit, le décapita et s'en retourna au camp des Hébreux. Il voit dans ce tableau de la plus cruelle Judith une savante architecture, qui permet différentes lectures, mais surtout la revendication féminine: «Le premier coup de génie, c'est d'avoir mis dans le tableau deux femmes, et non une seule, alors que dans la version biblique, la servante attend dehors: deux femmes associées dans le même travail, bras entremêlés, conjuguant leurs efforts musculaires sur le même objet : venir à bout d'une masse énorme, dont le poids excède les forces d'une femme : ne dirait-on pas deux ouvrières en train d'égorger un porc ? »[33]. Dramatique revanche dans l'art d'une victime triomphante ?

NOTES

[1] Prothais, A., *Tentative et attentat*, Paris, L.G.D.J., 1985, p. 180.
[2] *Ibid.*, pp. 181 sv.
[3] Pons, Ph., Italie : Après six ans de débat, une nouvelle législation sur la répression du viol a été adoptée, *Le Monde*, 20 octobre 1984, p. 7.
[4] Montardat, J., Les coupables de viol ne pourront plus échapper aux Assises en France : la législation est révisée, *Le Soir*, 12 avril 1980, p. 4. Voy. également Allagui, S. En janvier dernier, au Danemark, une femme, une mère de famille, a tenté de violer son pasteur, *ibid.*
[5] Proposition de loi Remacle modifiant certaines dispositions relatives au crime de viol, Chambre, 80-81, 857 ; 81-82, 166, votée au Sénat le 6 juin 1985, renvoyée à la Chambre ; cf. Couck, K., De visie van «Vrouwen tegen verkrachting» en de juridische aspekten van verkrachting en aanranding, *Panopticon*, 2/2 (1981), pp. 159-166 ; sur le viol entre époux, Bowker, L.H., Marital Rape : A distinct Syndrome ?, *Social Casework*, 64/6 (1983), pp. 347-352.
[6] Field, M.A., Rape : legal aspects, *in*: Kadish, S.H., éd., *Encyclopedia of Crime and Justice*, vol. 4, New York, The Free Press, 1953, pp. 1356 sv. ; Marsch, J.C., Geist, A., Caplan, N., *Rape and the limits of law reform*, Boston, Auburn House, 1982 ; Scutt, J.A., éd., *Rape Law Reform*, Australian Institute of Criminology, 1980.
[7] Faugeron, C. et al., débat : Légitimation ou délégitimation du pénal, *Déviance et société* (Genève), 9/3 (1985), pp. 255-289 ; Krywin, A. et al., Débat : viol et justice pénale, *même revue*, 3/1 (1979), pp. 69-88.
[8] Brownmiller, S., *Le viol*, trad. de l'américain, Paris, Stock, 1976.
[9] Davis, A., *Femmes, race et classe*, trad. de l'original américain *Women, Race and class*, 1981, Paris, Des femmes, 1983, pp. 248, 224, 227.
[10] Davis, *op. cit.*, p. 230.
[11] *Ibid.*, pp. 235-236.
[12] *Ibid.*, p. 223.
[13] Robert, Ph., Lambert, Th., Faugeron, C., *Image du viol collectif et reconstruction d'objet*, coll. «Déviance et Société», Genève, Médecine et hygiène, 1976 ; cf. Causeret-Dortignac, A., Ocqueteau, F., Le viol, notes de lecture, *L'Année sociologique*, 29 (1978), pp. 483-489.
[14] Davis, *op. cit.*, p. 217.
[15] Chesnais, J.C., *Histoire de la violence en Occident, de 1800 à nos jours*, Paris, Laffont, 1981, pp. 166-167.

[16] Colin, M., Hochmann, J., «Les sexopathies», *in*: Colin, M. *et al.*, *Etudes de criminologie clinique*, Paris, Masson, 1963, pp. 131-153.
[17] *Ibid.*, p. 149.
[18] *Ibid.*, pp. 152-153, et la référence à De Greeff, E., *Médecine et sexualité*, Paris, Spes, 1945, pp. 61-79.
[19] Chauveau, A., et Hélie, F., *Théorie du Code pénal*, 2ᵉ éd., par Nypels, J.S.G., t. II, Bruxelles, Bruylant-Christophe, 1860, p. 111.
[20] Bulthé, B., Remouchamps, M., *De verkrachting en het slachtoffer*, reeks van het Nationaal Centrum voor Criminologie, Brussel, Bruylant, 1979, p. 142.
[21] Chauveau et Hélie, *op. cit.*, pp. 111-112.
[22] Krywin, *op. cit.*; Broché, J.C., Deux viols collectifs, *Le Soir*, 22 août 1984, p. 5; pour l'histoire, voy. les actes les plus anciens d'un procès pour viol connus jusqu'ici: Vallier, D., *et al.*, *Actes d'un procès pour viol en 1612*, suivis des lettres de Artemisia Gentileschi, trad. de l'italien (1981) Paris, Des femmes, 1983.
[23] Groth, A.N., Rape: Behavioral Aspects, *in*: Kadish, *op. cit.*, p. 1352; Adler, C.M., The convicted rapist: A sexual or a violent offender?, *Crim. Justice and Behavior*, 11/2 (juin 1984), pp. 154-177; Buchanan, E., *Carr: Five years of Rape and Murder*, New York, Dutton, 1979; Clark, L., Lewis, D., *Viol et pouvoir*, Montréal, Albert St-Martin, 1983; Gibbons, D.C., Forcible Rape and Sexual Violence, *J. of Research in Crime and Delinquency*, 21/3 (August 1984), pp. 251-269; Gibson, L. *et al.*, A situational theory of rape, *Revue canadienne de criminologie*, 22/1 (1980), pp. 51-65; Laurin, L., Voghel, J., *Viol et brutalité: Tout ça pour un peu de pouvoir*, Montréal, Ed. Québec-Amérique, 1983.
[24] Groth, *Ibid.*
[25] Howard, W.B., Dealing with the violent criminal: What to do and say, *Federal Probation*, mars 1980, pp. 13-18.
[26] Groth, *op. cit.*, pp. 1353-1354; sur l'étude socio-linguistique du viol, voy.: Holstrom, L.L., Burgess, A.W., Rapists talk, Linguistic strategies to control the victim, *Deviant Behavior*, 1/1 (oct.-déc. 1979), pp. 101-125, reproduit dans Savitz, L.D., Johnston, N., *Contemporary criminology*, New York, Wiley, 1982.
[27] *Ibid.*, pp. 1354-1356.
[28] Schwendinger, J.R. and H., *Rape and inequality*, Sage, 1983.
[29] Brownmiller, *op. cit.*, et la référence qui y est faite par Mouraux, D., *Approche sociologique de la sécurité*, Université catholique de Louvain, Groupe de sociologie wallonne, 1985, p. 29.
[30] Blair, I., *Investigating rape: a new approach for police*, Beckenham (G.B.), Croom Helm, 1985; Dean, C.W., de Bruyn-Kops, M., *Crime and the consequences of rape*, Springfield (Ill.), Thomas, 1982; Feild, H.S., Bienen, L.B., *Jurors and Rape, A Study of Psychology and Law*, Lexington Books, 1980; McCombie, S.L., *The Rape Crisis Intervention Handbook, A guide for victim care*, New York, Plenum, 1980; Rodabaugh, B.J., Austin, M., *Sexual Assault, A guide for community action*, New York, Garland, 1981; Sanders, W.B., *Rape and women's identity*, Sage, 1980; Schneider, H.J., *Women as victims of crime*, World Society of victimology, Working paper n° 1, Münster, 1984; Geis, G., Application of Victimological Research to the Victim's Reintegration into Society, *in*: Schneider, H.J., *éd.*, *The Victim in international Perspective*, Berlin, Walter de Gruyter, 1982.
[31] Vallier, *op. cit.*, p. 9.
[32] Menzio, E., Autoportrait en muse de la peinture, *in* Vallier, *op. cit.*, p. 22.
[33] Barthes, R., Deux femmes, *in* Vallier, *op. cit.*, p. 16.

Chapitre 4
Délinquance routière

1. A pied ou en voiture

«Vengeons l'humble vertu de la richesse altière. Et l'honnête homme à pied du faquin en litière»: c'est une citation de Boileau, reprise par Chesnais[1].

Michael Laver présente le rapport de forces entre le piéton et l'automobiliste, au niveau individuel, comme un jeu de crédibilité.

«Presque tous, nous sommes confrontés chaque jour à des situations au cours desquelles nous devons mettre notre crédibilité sur le tapis. Chaque automobiliste, par exemple, en a constamment l'occasion. Ce piéton qui vient de descendre du trottoir sait que vous arrivez et que vous êtes contraint de ralentir si vous ne voulez pas le heurter. Il a noté que vous avez encore le temps de ralentir. Il vous *défie* de le heurter. Mais pour éviter le pire, vous savez qu'il peut toujours faire un saut sur le côté. Vous savez qu'il sait que vous savez qu'il peut encore sauter pour vous éviter. L'un de vous deux doit céder. Si aucun ne le fait, l'un meurt et l'autre a un tas d'ennuis.

» Tous les automobilistes connaissent ce genre d'affrontement, et beaucoup ont renoncé en certaines occasions et l'ont emporté dans d'autres. Ils abandonnent généralement lorsqu'ils ont affaire à un piéton très décidé. Mais ils gagnent habituellement lorsqu'ils flairent chez le piéton un manque total de crédibilité, devinant ainsi qu'il est prêt à sauter pour sa sauvegarde quand les jeux seront faits »[2].

Le jeu est en fait très faussé : blotti dans un tiède utérus et protégé par sa coque, l'automobilisme n'a pas avec le piéton une relation égale : si des situations peuvent effectivement se présenter où l'automobiliste doit composer avec le piéton, la plupart du temps sa vitesse, sa puissance, son anonymat lui donneront une suprématie dont il pourra être tenté d'abuser. En termes de responsabilité civile, la loi française du 5 juillet 1985 relative aux accidents de la circulation a consacré ce rapport de forces en instaurant dans une large mesure l'irresponsabilité de la victime lorsque celle-ci n'est pas un conducteur[3]. Le droit russe en a tiré une autre conséquence : il a refusé le principe de l'assurance individuelle en considérant qu'elle représentait un permis de tuer[4]. En droit occidental au contraire, l'assurance obligatoire a fait de la victime d'accident de la route, par rapport aux victimes d'autres infractions, une privilégiée si l'on peut dire, cependant que la notion de faute dans l'accident s'efface de plus en plus pour atteindre à une responsabilité objective du fait dommageable sinon — comme y invitait Tunc — à une responsabilité à base de risque. Dans ce jeu de forces aveugles, les mieux nantis, cuirassés, auront plus de chances de se tuer, et les roturiers, exposés, plus de chances d'être tués[5].

2. La liberté d'aller et de mourir

« Le siècle n'était pas né... C'était en 1899, un jour de septembre à New York. M. H.H. Bliss venait de descendre d'un trolleybus et tendait obligeamment la main à une passagère qui descendait elle aussi, quand il fut heurté et blessé à mort par une voiture sans chevaux. Il s'agissait du premier décès provoqué par une automobile aux Etats-Unis. Il ouvrait une liste tragique et 50 ans plus tard, les Etats-Unis comptaient un million de morts parmi les accidentés de la route. En Europe, les quelques victimes de l'automobile qui naissait avec ce siècle sont devenues légion. Chaque année, c'est une ville qu'on enterre et c'est une capitale qui souffre dans les cliniques et dans les hôpitaux. Ces chiffres, qui s'accroissent régulièrement, correspondent annuellement aux effets d'une bombe atomique explosant sur un centre urbain. Cependant, si le souvenir de Nagasaki et d'Hiroshima entretient la peur de l'ère atomique, la terrible saignée des accidents de la route, réguliers, inexorables, toujours actuels, n'affecte que ceux qui sont directement frappés »[6].

La route crée un énorme gaspillage de vies et de capacités humaines. Douze mille personnes meurent, chaque année, sur les routes et les autoroutes de France. Passons ici sur les difficultés des comptages, et notamment sur la délimitation de concepts tels que « tué sur place » ou décédé des suites d'un accident, dans un certain délai. En termes de coûts, comparés aux avantages, des véhicules à moteur, l'O.C.D.E. a montré que la motorisation intense des sociétés industrialisées leur coûte actuellement deux à trois fois plus cher qu'elle ne leur rapporte[7]. Les chercheurs du Centre d'études sociologiques sur le droit et ses institutions pénales à Paris ont estimé que les accidents de la route sont le facteur qui, après la fraude fiscale, pèse le plus dans le « coût du crime ». Il représente en valeur trois fois plus que le vol[8].

Ces arguments ne sont cependant pas suffisants pour changer un élément essentiel d'une philosophie de l'existence : la voiture apporte non seulement un confort d'horaire et de transport souple et individualisé, elle reste en outre un symbole d'évasion. « L'auto, c'est ma liberté », même si elle grève horriblement les budgets et emporte des risques considérables pour la santé publique et des choix délicats pour l'environnement. Le choc pétrolier n'a eu qu'un effet momentané et limité sur les possessions de voitures : simplement, la voiture prend une place plus grande dans les dépenses ménagères. Changer les habitudes suppose un bouleversement complet. Il faudrait que la voiture soit moins agréable et les transports publics diversifiés et attrayants : le Japon, par exemple, a un réseau de transports publics très soigné que la voiture, forcée à avancer benoîtement sur des routes peu agréables, ne peut pas concurrencer.

Certaines images futuristes de regroupement familial à domicile grâce à un travail sur terminaux informatiques peuvent donner d'autres conceptions de vie limitant fortement les déplacements professionnels : le « prosommateur » partagerait son temps en un « travail pour les autres » qui requerrait peu de déplacements, et un « travail pour soi », développant le modèle du bricolage, de l'amélioration du logement, voire de la mécanique automobile, le technicien n'étant, au bout du fil, que le conseiller d'un particulier qui, pour l'essentiel, pourrait se débrouiller lui-même[9]. Ainsi la voiture pourrait-elle devenir une sorte d'objet de musée, qu'on ne sort qu'à l'occasion des processions. Si ce genre de modèle ne se réalise, il faudra bien continuer à vivre avec l'automobile.

Encore peut-on l'utiliser autrement.

« L'accident de Beaune, qui a tué, en 1982, cinquante-trois passagers de deux autocars, provoqua un déclic dans l'opinion publique. Dans les semaines qui ont suivi, les spécialistes ont constaté une baisse de 15 % à 20 % du nombre des accidents. On a « levé le pied » — un temps — parce que ces cinquante-trois disparus interpellaient beaucoup plus l'inconscient collectif que les quarante-cinq tués quotidiens.

« Il faut donc changer les mentalités des conducteurs, jouer les victimes contre les exhibitionnistes du volant, former les jeunes, créer des permis provisoires, sanctionner les contrevenants, supprimer les « points noirs » tout comme les véhicules hors d'usage... Le redressement se poursuivra seulement si le gouvernement, les élus, l'administration et les associations parviennent à joindre leurs efforts »[10].

3. L'apport de la recherche

La sécurité routière résulte en effet d'un faisceau d'éléments en interaction, qui relèvent de trois secteurs au moins : le pénal, le technique, et l'humain[11].

Lorsqu'on parle du facteur humain, est-il vraiment illogique de dire tout à la fois qu'« on conduit sa voiture comme on se conduit dans la vie» et que «quand on est au volant on devient un autre homme»? Certains ont vu dans ces antinomies l'indice d'une «pseudo-science des choses de la circulation»[12]. Pourtant, la première formule se réfère à la psychologie de la personnalité: on ne devient pas plus poli, plus courtois, moins impulsif, moins hésitant, moins étourdi si on est au volant que si on est au travail derrière une autre machine ou derrière un bureau. Mais au volant de sa voiture, on est face à d'autres, et la psychologie sociale intervient alors, avec les rapports de force que créent la cylindrée, la puissance, la voiture cabossée au point de n'avoir plus rien à perdre, et tout simplement l'impression de protection qu'assure l'habitacle. Le fameux dessin animé de Walt Disney montrant un Goofy déchaîné au volant n'est pas dépassé: toutes les frustrations de la journée peuvent se défouler dans le confort d'un puissant anonymat. Le seul ennui, c'est qu'au premier feu rouge, celui qui vient de faire anonymement une méchante «queue de poisson» va se retrouver rougissant et impuissant, aux côtés de sa victime.

La psychologie individuelle interviendra sous des facettes multiples. Valérie Storie a pu montrer que, parmi les auteurs d'accidents, la proportion d'hommes et de femmes qui peuvent être considérés comme fautifs est sensiblement identique: quelque 60 %, mais que les types de fautes seront différents. La conductrice aura tendance à faire des erreurs de perception en étant distraite et en négligeant des obstacles subits. Elle apparaissait techniquement moins expérimentée, et gênée par la manœuvre de tourner à droite (en conduisant à gauche: c'est une étude anglaise) spécialement en pénétrant sur une route plus importante. Les conducteurs, pour leur part, étaient plus sujets à l'inhabileté à cause d'une imprégnation alcoolique, ils tendaient à rouler trop vite par rapport aux circonstances et à prendre trop de risques[13]. D'autres comparaisons pourraient être faites entre jeunes et vieux: les premiers prenant souvent leur voiture, ou celle de leurs parents, voire une voiture «empruntée», pour un jouet permettant de réaliser de la vitesse et des cabrioles, les seconds manquant de réflexes, d'attention, et mettant les autres usagers de la route en danger d'autres façons, par une lenteur excessive ou une manœuvre étourdiment imprévisible. L'appoint alcoolique jouerait son rôle pour les uns comme pour les autres[14].

La psychologie sociale n'intervient pas seulement entre le conducteur et l'extérieur, mais aussi à l'intérieur de l'habitacle. Si le conducteur aura tendance à «faire comme tout le monde» en dépassant, par exemple dans des tunnels urbains, une limitation de vitesse qui n'est respectée par personne — c'est alors presque une condition de sécurité collective —, il subira aussi toutes les incitations des passagers: «Vas-y, Freddy», «Léon, tu ne vas pas te laisser faire», «Si tu es un homme...», et il y répondra de différentes façons. A côté des facteurs d'interactions entre humains observées par la psychologie sociale, le simple entassement bruyant et nerveux ou la grande lèche affectueuse du dobberman au moment le plus imprévu entraveront le fonctionnement psychologique satisfaisant du conducteur.

Certaines recherches ont l'ambition d'identifier des conducteurs potentiellement dangereux à partir de l'accumulation d'indices liés, par expérience, aux accidents. Ainsi, «des recherches approfondies, d'ordre psychologique et statistique, ont révélé qu'il existe, aux Etats-Unis, une petite minorité (de 1,5 à 5 pour 100, selon les estimations) de conducteurs particulièrement dangereux, qui provoquent un nombre d'accidents disproportionné à l'importance numérique de leur groupe et largement supérieur à ce que permettrait d'attendre la loi des probabilités. C'est ainsi qu'une statistique dressée dans le Connecticut a montré que 3,9 pour 100 des conducteurs avaient provoqué 36,4 pour 100 de tous les accidents survenus en 6 ans, à 29.531 automobilistes. Dans la plupart des cas, cette prédisposition est moins attribuable à des déficiences graves dans les aptitudes qu'à d'évidentes lacunes dans l'esprit de sécurité. Il s'agit, avant tout, de gens qui se mettent plus facilement que d'autres dans des situations dangereuses où l'émotivité joue un rôle décisif. Or leur résistance aux chocs émotifs est inférieure à celle des autres conducteurs et ils sont particulièrement sujets au mécanisme frustration-agression»[15].

La voiture n'est pas dangereuse: c'est son utilisateur qui en fait un usage dangereux. La publicité peut l'inciter à cet usage dangereux. Mais la simple capacité du véhicule peut n'être pas adaptée à nos routes: une voiture capable de vitesses prodigieuses provoque à l'infraction sinon à l'accident. Les éléments techniques du véhicule sont des conditions essentielles de sécurité:

les procédures d'agrément des modèles et les services d'inspection automobile jouent un rôle capital dans la sécurité routière. Pas plus qu'un médicament nocif, une voiture ne peut être mise en circuit. Le « consumérisme », ou mouvement de protection des consommateurs, est né aux Etats-Unis d'un procès gagné par Ralph Nader contre une compagnie automobile qui avait commercialisé une série de véhicules défectueux[16]. Peut-être le conducteur a-t-il une trop grande confiance dans les conditions techniques : ne faut-il pas élever en exemple aujourd'hui la prudence, signalée par un arrêt de la Cour d'appel de Gand de 1908, et sans doute commune à cette époque, de cet automobiliste qui avait « corné à l'aide de la trompe de l'automobile et crié de toute la force de ses poumons pour avertir le groupe qu'il avait devant lui »[17] ? Des voitures trop sûres peuvent amener à prendre des risques excessifs, ou faire oublier que le comportement d'un autre conducteur peut s'expliquer par un fonctionnement défectueux qu'on n'imagine plus pour son véhicule. L'incompréhension se manifestera par des comportements dangereux accompagnés de grimaces étranges.

De trop bonnes routes peuvent aussi, paradoxalement, inciter à augmenter la vitesse et à compromettre la sécurité qu'elles devaient accroître. De même, une trop grande confiance dans les services de déneigement laisse plus désarmé face à une route glissante. Il reste que tous les éléments du réseau routier, le revêtement, l'éclairage, les intersections qu'on peut éviter ou organiser, la suppression des « points noirs » où se sont produits de nombreux accidents, la visibilité, les files de circulation, la clarté des signaux routiers sont les conditions du respect des règles du jeu routier. Ces éléments font l'objet de l'essentiel des recherches de services spécialisés, comme par exemple au Royaume-Uni le *Transport and Road Research Laboratory* du Ministère de l'Environnement et des Transports.

D'intérêt plus classiquement « criminologique » est le troisième facteur susceptible d'intervenir dans la sécurité routière : la « crainte du gendarme », le rôle de l'autorité, du *law enforcement* selon l'expression anglaise. Quel est le rôle du risque de sanction, et particulièrement de la menace de sanctions pénales, sur la sécurité routière ?

4. Le paradigme pénal

Différents auteurs ont examiné l'efficacité des lois imposant le port de la ceinture de sécurité. Plus particulièrement pour la Suisse, Martin Killias a constaté que «la certitude des sanctions exerce une influence minime sur le respect de l'obligation du port de la ceinture de sécurité. En revanche, l'introduction ou l'abolition d'une telle obligation produit un changement massif du comportement des conducteurs, et cet effet est renforcé si le législateur a prévu une sanction pour les contrevenants»[18].

Cette observation de l'effet momentané d'une nouvelle réglementation rejoint des données constantes sur l'effet de prévention générale de la peine dans des domaines d'organisation technique de la vie en société — ce que, sous réserve de toutes les critiques qui ont été adressées à cette distinction, on a coutume d'appeler les «mala prohibita», par opposition à des infractions aux valeurs fondamentales, les «mala in se». Cependant, plus originale est l'interprétation que Killias donne du respect, même momentané, de la loi: «Dans ce domaine particulier au moins, le respect des lois ne paraît pas reposer sur un choix déterminé par une évaluation préméditée des avantages et des inconvénients, mais semble plutôt être une réaction spontanée et non instrumentale, comme nous l'avions postulé dans notre hypothèse initiale. Cependant comment expliquer cette conformité spontanée, l'importance des sanctions prévues par une loi et l'insignifiance du risque réel d'être frappé par une sanction?

«Selon la théorie de Niklas Luhmann sur le fonctionnement des normes légales, les normes sociales répondent à un besoin fondamental des hommes qui cherchent constamment à réduire la complexité de leur environnement social. En se conformant à la voie légale, l'individu peut ainsi éviter un accroissement de la complexité sociale, résultant de la nécessité de parer aux conséquences négatives en cas d'infraction. La voie légale, telle qu'elle est définie ici, est donc la voie la moins complexe. Par conséquent, l'individu agit «raisonnablement» lorsqu'il suit cette voie, même si le risque réel qu'une sanction le frappe est nul. Cette interprétation s'harmonise également avec les approches cognitives de l'apprentissage. Selon Bandura, l'homme apprend, à travers le processus de socialisation, à se gratifier et à se punir lui-même, selon des règles et des modèles qu'il a lui-même observés. L'homme acquiert ainsi la faculté d'orienter son comportement indépendamment des gratifications ou des punitions extérieures tout en se conformant à ses propres standards intériorisés. Une conformité non instrumentale, c'est-à-dire indépendante de tout système de gratifications/punitions matérielles, s'harmonise parfaitement avec cette théorie de l'autorenforcement»[19].

Killias constate que «ces interprétations, inspirées par les théories psycho-sociologiques, coïncident avec les théories classiques de la sociologie du droit. Max Weber, de même que Luhmann, insistent dans leurs analyses de l'exercice du pouvoir, sur l'importance des fondements symboliques par rapport aux ressources matérielles du pouvoir, en reprenant ainsi en quelque sorte le fameux adage de Talleyrand selon lequel on peut se servir des baïonnettes pour n'importe quoi, sauf pour s'y asseoir. A l'instar du pouvoir qui, comme le soutient Luhmann, ne se défend pas par l'usage permanent des ressources matérielles sur lesquelles il repose, mais plutôt par la prévention de situations où le recours à de tels moyens pourrait s'avérer nécessaire, nous supposons, en apportant ainsi une nuance importante à la théorie de l'effet dissuasif des peines, que le respect des lois dépend moins de l'application massive de sanctions sévères, mais plutôt de la prévention de situations où la crédibilité des sanctions (et des lois qui les prévoient) est mise à l'épreuve»[20].

Ces remarques rejoignent l'observation de Ross et Saari, selon laquelle la route, qui pourrait être la jungle, est finalement un domaine étonnamment discipliné. «Avec des millions de conducteurs poursuivant des objectifs distincts et manquant de moyens de communication effective pour guider leur interaction, les statistiques de collisions et d'infractions citées peuvent aussi être considérées comme une preuve de la nature ordonnée et responsable du comportement de conduire. La grand-route est un environnement potentiellement chaotique, mais l'observation commune révèle qu'il est en fait relativement bien discipliné. Pour chaque événement sérieux de dommage corporel, de mort, ou de dommage matériel, 60.000 miles ont été parcourus sans incident. Les parcours se font fréquemment à grande vitesse, sur des voies souvent étroites et tortueuses, et dans des densités de trafic qui, à certains moments, excèdent les capacités théoriques maximales de charge des routes et aboutissent à de dangereux engorgements. Les conducteurs respectent généralement les marques au sol, les signaux stop, les files de trafic et les appareillages de régulation, même lorsqu'ils n'en tirent aucun bénéfice de sécurité, par exemple lorsqu'ils attendent patiemment à une intersection libre que les feux passent au vert. Bien plus, sur un long terme, le taux de mort par distance parcourue s'est progressivement tassé depuis 1920, à l'exception d'un bref plateau au début des années 1960, dû sans doute à l'apparition massive de jeunes conducteurs à la suite du baby-boom de l'après-guerre »[21].

Il y aurait donc une sorte d'autorégulation du trafic, qui devrait simplement être accompagnée par le droit[22]. Actuellement, le droit pénal routier représente une charge considérable pour les juridictions. Ainsi, lorsqu'on examinait la répartition des dossiers au niveau d'un parquet français, la voiture occupait une place considérable. Sur 2.714 dossiers, représentant de façon aléatoire la charge annuelle de ce parquet, 7,3 % des dossiers concernaient des accidents corporels liés à la circulation, 3,9 % des infractions de conduite (conduites en état d'ivresse, refus d'obtempérer, non-respect des barrières de dégel, etc.), et 7,5 % des infractions de « papiers » (défaut ou non-transfert de carte grise, défaut d'assurance, défaut de permis de conduire, défaut ou fausses plaques d'immatriculation). 31,7 % des affaires concernaient en outre des vols de véhicules, étrangers à nos préoccupations présentes[23]. Sans doute le code de la route remplit-il différentes fonctions qui ne sont pas seulement celle d'assurer la sécurité par la menace de sanctions : une peine paraît répondre à un besoin de rétribution lorsqu'une infraction grave a été commise ou qu'elle a entraîné de très graves conséquences. Certains conducteurs dangereux doivent être mis à l'écart, soit par le retrait du permis, qui n'est pas radical, soit par l'emprisonnement. Certains pourraient aussi espérer une résipiscence, en liant par exemple une probation à une aide en service d'urgence[24]. La plupart des législations tendent à limiter le pénal à ces cas graves et à régler par des procédures administratives et expéditives les rappels à l'ordre et les indemnisations peu importantes[25]. Un des obstacles à cette limitation demeure, en Belgique, la confusion de la faute civile et de la faute pénale, qui encourage le recours au procès pénal et à la constitution de partie civile[26].

La criminologie elle-même a été victime de ce paradigme pénal, qui fait graviter le droit de la circulation routière autour de fautes pénales. «En fait, la criminologie des infractions routières n'est pas allée au-delà d'une analyse sommaire des corrélations entre caractéristiques personnelles et condamnations; c'est là une méthode qui, même dans les études criminologiques les plus sérieuses, peut inciter à tirer des conclusions extrêmement douteuses. S'étant concentrés presque exclusivement sur les caractéristiques des délinquants, les chercheurs sont tombés dans le piège (reconnu dans d'autres études sur le crime) d'établir une relation entre ces facteurs personnels et sociaux et des concepts purement légaux — comme la conduite dangereuse ou imprudente, l'alcool au volant — ou des conséquences purement légales, que ce soit la mort ou des blessures, ignorant ainsi les circonstances réelles dans lesquelles l'acte a eu lieu, y compris la nature de l'acte et la valeur personnelle et sociale qu'il a eue pour son auteur. En d'autres termes, le phénomène à expliquer a été perdu de vue »[27]. L'étonnement que l'on a pu avoir devant la faible représentation pénale que le public peut avoir des erreurs de circulation routière[28] n'est donc que le reflet d'une sorte de myopie qui fait en principe considérer une anomalie comme pénale, alors que le droit pénal n'a qu'un rôle limité à jouer. Sur le plan de l'efficacité, Wesemann a pu montrer, infraction par infraction, le rôle respectif que jouent la législation, les contrôles de police et l'imposition de peine[29]. Vis-à-vis de ce que Ross appelle des *«folk crimes»*[30], Monique Fichelet a résumé les principes qui guident la politique française de la sécurité routière et plus particulièrement le recours aux sanctions pénales: dépénaliser les infractions de masse, réserver le pénal à la violence sur la route, et moduler les conditions de l'assurance afin qu'elle soit «auto-responsabilisante»[31]. Un choix de politique n'est jamais qu'un pari sur l'avenir. Au moins la limitation du pénal répond-elle à un certain nombre d'indications qui suggèrent son utilité, à certaines conditions, dans des zones très précises. Les statistiques d'accidents sont influencées par de nombreux facteurs, dont la connaissance est encore trop limitée. Ainsi, si l'on considère la relation entre les accidents et les volumes de trafic à des jonctions, on constate que les accidents de véhicules isolés sont plus nombreux à faible volume, et les collisions plus nombreuses à mesure que le trafic augmente, jusqu'à un certain niveau de congestion[32]: beaucoup de nuances sont nécessaires, beaucoup de recherche aussi, à des niveaux adéquats d'analyse. Dans ce secteur capital de la vie sociale, le pénal est loin d'être la seule ressource pour assurer une certaine sécurité. La criminologie peut aider à en préciser la place optimale.

NOTES

[1] Chesnais, J.C., *Histoire de la violence en Occident de 1800 à nos jours*, Paris, Laffont, 1981, p. 275.
[2] Laver, M., *Crime-Partie*, trad. de l'anglais *The crime game* (1982), Paris, Aubier-Montaigne, 1986, pp. 202-203.
[3] Chabas, F., *Le droit des accidents de la circulation après les réformes du 5 juillet 1985*, Paris, Librairies techniques, 1985, et le commentaire de Dalcq, R.O., dans le *Journal des Tribunaux* (Bruxelles), 1986, p. 98.
[4] Chesnais, *op. cit.*, p. 292.
[5] *Ibid.*, pp. 288 sv.
[6] Czernetz, M., La mort sur la route, *Ici l'Europe*, oct.-nov. 1968, pp. 20-23.
[7] O.C.D.E., *Les transports urbains et l'environnement*, Paris, 1979, cité par Chesnais, *op. cit.*, p. 294.
[8] Godefroy, T., Laffargue, B., *Le coût du crime en France*, Paris, S.E.P.C., 1980, cité par Chesnais, *op. cit.*, p. 293, et les rapports plus récents de ce service de recherche, dont le sigle actuel est «CESDIP»: données 1980, 1981 et 1982, Paris, 1984; voy. Robert, Ph., Godefroid, T., *Le coût du crime, ou l'économie poursuivant le crime*, coll. «Déviance et Société», Genève, Médecine et Hygiène, 1978.
[9] Toffler, A., *La Troisième Vague*, trad. de l'anglais *The Third Wave* (1980), Paris, Denoël, 1980.
[10] Faujas, A., Parlementaires et administration proposent la création d'un Conseil national de la sécurité routière, *Le Monde*, 29 septembre 1984.
[11] Hall, P.A. et al., *Recherches sur l'application de la réglementation en matière de circulation (Effets de l'application des lois et règlements sur le comportement des usagers et les accidents de la route)*, rapport du Groupe de recherche S-6, Paris, O.C.D.E., 1974; Allewijn, P. et al., Beïnvloeding van verkeersgedrag; een taak van justitie?, *Justitiële Verkenningen*, La Haye, Ministère de la Justice, 1977/4.
[12] Roche, *in* Susini, J., Criminalité routière d'imprudence et police technique, Réflexions sur le congrès de Lille, *Revue de science criminelle et de droit pénal comparé*, 1967, pp. 702-710.
[13] Storie, V.J., *Male and female car drivers: differences observed in accidents*, Crowthorne, Berkshire, U.K., Transport and Road Research Laboratory, 1977.

[14] Newman, D. et al., L'envers de la médaille, *Liaison* (Solliciteur général du Canada, Ottawa), 9/2 (février 1983), pp. 12-16.

[15] Piret, R., *Psychologie de l'automobiliste et sécurité routière*, Liège, Desoer, Paris, Eyrolles, 1952, pp. 96-97; Middendorff, W., L'efficacité des peines et autres mesures de traitement des infractions routières, *in: L'efficacité des peines et autres mesures de traitement*, Conseil de l'Europe, 1967, pp. 239 sv.; Heuyer, G., Les homicides involontaires de la route, Point de vue du psychiatre, *Travaux du XVIe Cours international de criminologie* (Abidjan, 1966), Paris, Librairie générale de droit et de jurisprudence, 1968, p. 277; Parry, M.H., *Aggression on the Road, A pilot study of Behaviour in the driving situation*, Londres, Tavistock, 1968.

[16] Nader, R., Business Crime, *in*: Sanford, D., *éd., Hot War on the Consumer*, New York, Pitman, 1969.

[17] *Pasicrisie*, 1910, II, p. 162, cité par Cornil, P., *Répression des infractions routières et sécurité de la route*, Bruxelles, Via Secura (Association nationale pour la prévention des accidents de la route), 1959.

[18] Killias, M., La ceinture de sécurité: une étude sur l'effet des lois et des sanctions, *Déviance et Société*, Genève, 9/1 (1985), pp. 31-46 et l'erratum, *même revue*, 9/2, p. 134; Robert, C.N., Une idéologie inégalement intériorisée, *in: Le port obligatoire de la ceinture de sécurité*, Genève, CETEL, 1977, pp. 63-86.

[19] Killias, *ibid.*, p. 42.

[20] *Ibid.*, pp. 42-43; voy. aussi Killias, M., Dévalorisation de la peine par l'inflation des lois pénales?, *in*: Gauthier, J. et al., *Le rôle sanctionnateur du droit pénal*, Fribourg (Suisse), Editions universitaires, 1985; Kellens, G., *La mesure de la peine, Précis de pénologie et de droit des sanctions pénales*, Faculté de droit, d'économie et de sciences sociales de Liège, 1982, pp. 188 sv.

[21] Ross, H.L., Saari, D., V° Traffic Offenses, *in*: Kadish, S.H., *éd., Encyclopedia of Crime and Justice*, vol. 4, New York, The Free Press, 1983, p. 1558.

[22] Hulsman, L.H.C., Trafic routier et système pénal, Quelques réflexions de politique criminelle, *Revue de science criminelle et de droit pénal comparé*, 1978, pp. 237-261.

[23] Aubusson de Cavarlhay, B. et al., *Le pénal en première ligne et en dernier ressort*, Paris, CESDIP, 1984, p. 414; Robert, Ph., *Les comptes du crime*, Paris, Le Sycomore, 1985.

[24] Voy. Ross et Saari, *loc. cit.*

[25] Voy. Kellens, *op. cit.*, pp. 155 sv.

[26] Commission pour la révision du Code pénal, *Rapport sur les principales orientations de la réforme*, Bruxelles, Moniteur belge, 1979, pp. 70 sv.; cf. Legros, R., *Avant-projet de Code pénal*, Bruxelles, Moniteur belge, 1985, p. 236 sv.

[27] Hood, R., Les délinquants de la route, Quelques problèmes de politique générale, *in*: Dupréel, J. et al., *Les aspects pénaux et pénitentiaires de la circulation routière*, Bruxelles, Fondation internationale pénale et pénitentiaire, 1977, p. 116.

[28] Kellens, G., Du crime en col blanc au délit de chevalier, *Annales de la Faculté de droit de Liège*, 1968, pp. 61-124; Kellens, G., Presse, opinion publique et criminalité routière, *même revue*, 1968, pp. 541-568.

[29] Wesemann, P., Risque pénal et sécurité routière, *Déviance et Société*, Genève, 8/1 (1984), pp. 123-136.

[30] Ross, H.L., Traffic Law Violation: A Folk Crime, *Social Problems*, 8 (1961), pp. 231-241.

[31] Fichelet, M., La nouvelle politique de sécurité routière en France et la question des sanctions pénales, *Déviance et Société*, Genève, 8/1 (1984), pp. 103-114.

[32] Satterthwaite, S.P., *A survey of research into relationships between traffic accidents and traffic volumes*, Crowthorne, Berkshire, U.K., Transport and Road Research Laboratory, 1981, et la bibliographie fournie.

Chapitre 5
Infraction : être victime

1. Une politique victimologique

Lorsqu'on cherche à traduire en politique criminelle les données rassemblées, ces dernières années, par les études consacrées aux victimes, à leurs interactions et aux événements qu'elles ont subis, il convient de mettre préalablement à nu les philosophies sous-jacentes, les soucis profonds, de ceux qui s'attellent à ce genre d'études, et qui se réunissent en des congrès, colloques et séminaires de plus en plus nombreux[1].

Ce n'est que dans un deuxième temps que l'on peut examiner les données victimologiques susceptibles d'être traduites en termes politiques, avant d'évaluer les risques, voire l'absurde de certaines de leurs implications logiques.

2. Philosophies sous-jacentes

Fondamentalement, un certain nombre d'objectifs profonds des études victimologiques au sens large, pourraient être dégagés de la manière suivante.

Un premier souci de ce genre d'études peut être d'identifier les victimes, de définir certaines situations en termes de situation d'exploité, d'opprimé, de blessé, de diminué, en un mot de victime. En multipliant les situations qui peuvent être qualifiées de situation de victime, on pourrait dire, dans la tradition des études interactionnistes, qu'on multiplie l'étiquette, le label, et donc d'une certaine manière le phénomène. Une personne qui ne sait pas qu'elle est une victime, en un sens, ne l'est pas. Lui donner conscience de ce qu'elle l'est, n'est pas nécessairement lui rendre service. Il n'est pas toujours agréable d'être désigné comme victime. Et est-il plus efficace, par exemple, pour la cause de la libération des femmes mariées, d'incriminer le viol entre époux, et de désigner donc comme violée une femme mariée victime des violences de son mari, plutôt que de lui donner les moyens de droit civil et de mentalité collective, pour pouvoir lui tenir tête?

Une deuxième préoccupation profonde des auteurs d'études victimologiques peut être — et c'est l'une des plus générales — de s'occuper des victimes, de les entourer, de diminuer les conséquences de l'infraction, d'organiser leur défense, d'assurer un secours immédiat pour les tirer d'affaire, d'organiser des systèmes publics d'avances sur l'indemnisation. L'idée fondamentale n'est plus ici, avant tout, un souci de justice, mais un souci d'humanité. Le mouvement humanitaire, qui depuis Beccaria notamment, a attiré l'attention sur le sort du condamné, s'est aujourd'hui largement reconverti vers le sort de la victime. On s'est suffisamment occupé des auteurs, il est temps de penser aux victimes. Au symposium de victimologie de Munster, Wolfgang[2] allait plus loin, en se posant la question: ne faut-il pas remplacer l'individualisation en fonction de l'auteur, par l'individualisation en fonction de la victime. Il voulait avant tout secouer son auditoire. Car les deux aspects sont solidaires. Et certaines œuvres de réadaptation de condamnés l'ont fort bien compris — par exemple en Belgique «Aide et Réadaptation» à Huy[3] — en s'occupant comme d'une même réalité globale, de la victime, du condamné, et de leurs familles respectives. Dans le cas de l'œuvre belge que je cite, l'idée de cette globalité est d'ailleurs venue d'un cas dramatique de «tireur fou» à l'occasion d'une compétition sportive, et du constat d'une impossibilité d'obtenir l'indemnisation des multiples victimes et de leurs familles.

Un troisième souci peut être de restituer, dans une certaine mesure, aux victimes, la gestion, la maîtrise, de leur conflit. C'est un thème qu'on retrouve chez ce qu'on appelle les «abolitionnistes» (du système pénal), Hulsman[4] ou Christie[5] par exemple. L'idée est que le système pénal est devenu envahissant, et qu'en qualifiant de pénal des confrontations douloureuses et des épreuves qui, jusqu'au XVIIIe siècle, auraient eu un statut de conflit civil, l'évolution du droit a dépossédé la victime de son conflit. Au lieu qu'elle puisse mener une négociation, avec l'aide de la justice, son problème devient un problème de l'appareil de justice, qui ne la regarde que dans la mesure où la justice l'estimera utile. Elle sera à peine informée du cours de l'instruction, elle ne sera confrontée avec l'auteur que pour faire apparaître la vérité des faits, et nullement pour résoudre le problème s'il se peut, et elle ne sera convoquée à l'audience que comme un personnage accessoire, greffant sa demande de «partie civile» sur l'œuvre de répression, seule essentielle. Un exemple: un homme vole chez un commerçant. Avec l'aide de sa femme, il se rend compte de son erreur, veut indemniser, et c'est raisonnablement possible. La justice ne veut rien entendre, l'absence de plainte et la demande de négociation de la victime n'est pas entendue. La justice doit suivre son cours. Elle doit écraser l'un et l'autre. Dans les «chartes», «déclarations» et «conventions» sur les droits des victimes, qui commencent à fleurir par exemple en Amérique du nord, au Benelux, ou internationalement à la Société de victimologie ou aux Nations-Unies, l'exigence prend forme, que la victime soit respectée dans ses besoins d'information, d'aide et de collaboration, dans le procès pénal qui, en définitive, est d'abord son affaire. C'est une vérité première que, dans l'enthousiasme de l'âge d'or du système pénal, on avait un peu trop oubliée.

Un quatrième souci possible des auteurs d'études victimologiques nous rapproche de notre propos essentiel, le rôle de la victime dans la prévention. Fattah[6] avait choisi comme titre d'un de ses livres une cruelle caricature de la victimologie en se demandant : « la victime est-elle coupable ? », et avant de se demander si la victime serait coupable de ses comportements et de ses attitudes, qui pourraient être infléchis et éduqués, on pouvait se demander, plus froidement, si elle n'était pas coupable d'exister en tant que victime potentielle. Les idées qui apparaissent par exemple dans les recommandations de West et Farrington[7] au terme de leur gigantesque étude de cohorte en Angleterre, aboutissent à se dire qu'on pourrait éviter toutes sortes de victimes en évitant qu'elles existent : puisque c'est dans des familles pauvres, surchargées d'enfants et teintées de délinquance et de marginalité, qu'apparemment on retrouve le plus d'enfants délinquants comme d'enfants maltraités, le mieux n'est-il pas d'inciter à l'eugénique, d'encourager la contraception, si l'enfant naît malgré toutes les incitations, de recourir à l'euthénique, de le déplacer de milieu et de le faire adopter par de « bons » foyers, de multiplier les obstacles au mariage, pour éviter l'abandon de famille, l'adultère, le crime passionnel... Le problème est ici de décider à la place de la victime potentielle, de décider pour elle ce qu'on croit qu'elle aurait décidé si elle avait pu décider d'être ou de ne pas être. Les mots d'« eugénique » et d'« euthénique » sont suffisamment chargés de connotations pour évoquer d'emblée toutes sortes d'arguments philosophiques, moraux et sociaux.

Reste un cinquième genre de souci exprimé ou évité dans les études victimologiques. La victime est-elle coupable de l'être ? Coupable par son comportement, par ses attitudes, par ses relations, par son mode de vie ? Le début des études victimologiques a été axé sur le rôle accélérateur ou précipitant de la victime dans le passage à l'acte. Le thème avait déjà suscité des ouvrages d'humour terrible comme *De l'assassinat considéré comme l'un des beaux-arts* de Thomas de Quincey[8]. Il y avait de « beaux sujets d'assassinat », des gens qui ne méritaient que ça, qui attiraient le crime et le justifiaient d'avance. La psychologie sociale a raffiné le thème, en montrant qu'il y a des attitudes dangereuses, que quelqu'un qui a peur d'un chien se fera plus facilement mordre, et que quelqu'un qui montre trop qu'il n'est pas à l'aise contribuera à réaliser sa prophétie inconsciente. Et déjà là le danger apparaît : il n'avait qu'à ne pas avoir peur, ou ne pas montrer qu'il a peur, il n'avait qu'à se sentir à l'aise, ou ne pas montrer qu'il n'était pas à l'aise. Ce qu'il a subi, il l'a voulu. Il n'avait qu'à ... Il n'avait qu'à pas...

Ce raisonnement a été très loin. Dans un célèbre procès de viol, dans le sud de la France, n'avait-on pas vu toute la cruauté de cette froide mécanique mentale. D'abord, c'étaient des femmes. En plus, elles étaient jeunes et attirantes. Et puis, elles circulaient à vélo. Plus encore, elles logeaient sous la tente. Et puis, lorsque de vigoureux gaillards s'étaient jetés sur elles sans les consulter, le fait de taper le plus fort qu'elles avaient pu avec ce qu'elles avaient à portée de la main — le maillet dont on se sert pour monter les tentes — sur la tête des assaillants, elles avaient laissé planer un doute sur leurs véritables souhaits : est-ce qu'au fond d'elles-mêmes, ça ne leur plaisait pas, en fait, d'être violées ? Le procès devenait le procès de la victime, et il fallait un certain courage pour porter plainte et soutenir l'accusation. L'affaire fit scandale[9] et permit aux mouvements féministes de désamorcer de trop faciles justifications, comme de forcer aussi à appeler les choses par leur nom : un viol était un viol, et il n'était pas question, pour des raisons de procédure, de l'appeler coups et blessures — une nouvelle variété : les coups et blessures ayant entraîné une grossesse sans l'intention de la donner.

Ce n'est pas tout. De la, ou des, victimologies, on est passé aux victimisations. Ici, le problème est moins de voir le rôle de la victime dans le passage à l'acte, que de trouver un moyen statistique plus fidèle de cerner la réalité criminelle. Il s'agit, non plus de calculer la criminalité à partir des résultats du travail de la justice pénale, mais d'interroger le tout venant sur les faits dont il a été victime, qu'ils aient, ou non, donné lieu à l'intervention du système pénal[10]. Oui, mais voilà : au-delà de la réalité criminelle, on peut voir apparaître des associations, des populations à risque, des régions ou des quartiers à risque, des professions, des âges, des sexes, à risque. Ce qui apparaît statistiquement, c'est l'association entre telle caractéristique et telle victimisation[11]. Le tout est de l'éviter. Selon ces caractéristiques, chacun se verra recommander un certain comportement. Nous sommes ici en plein dans notre sujet : est-il légitime, à partir de la constatation d'associations de ce genre, de recommander un certain comportement, et si la recommandation est admissible, quelle force et quelles conséquences lui donner ?

3. Styles de vie

L'un des modèles centraux des études de victimisations est lié au style de vie [12]. Dans la conception, par exemple, de Hindelang, de Gottfredson et de Garofalo [13], la victimisation n'est pas un phénomène uniformément distribué : il est en corrélation étroite avec les temps et les lieux, avec les caractéristiques démographiques, avec les circonstances (par exemple le fait d'être seul), avec les liens préalables entre victime potentielle et délinquant potentiel, etc. Comme différents styles de vie impliquent différentes probabilités que des individus se trouvent à certains endroits, à certains moments, en interaction avec certains genres de gens, le style de vie affecte la probabilité de victimisation.

Hindelang [14] a tiré de ces principes un certain nombre de propositions qui concordent généralement avec la distribution empirique des victimisations criminelles observée aux Etats-Unis. Il les présente en huit points :

Proposition 1 : La probabilité d'être personnellement victime est liée directement au temps qu'une personne passe dans des endroits publics (par exemple dans les rues, dans les parcs, etc.) et spécialement dans les lieux publics la nuit.

Proposition 2 : La probabilité de se trouver dans des lieux publics, spécialement la nuit, varie en fonction du style de vie.

Proposition 3 : Les contacts sociaux et les interactions surviennent de manière disproportionnée entre des individus qui ont des styles de vie similaires.

Proposition 4 : Les risques de victimisation criminelle d'un individu dépendent de la mesure dans laquelle l'individu partage les caractéristiques démographiques des délinquants.

Proposition 5 : La proportion de temps qu'un individu passe avec des personnes autres que des membres de sa famille varie en fonction de son style de vie.

Proposition 6 : La probabilité de victimisation personnelle, particulièrement en fait de vol, augmente en fonction du temps qu'un individu passe avec d'autres personnes que les membres de sa famille.

Proposition 7: Les variations dans le style de vie sont associées aux variations dans la possibilité que les individus ont de s'isoler (sur le plan de la résidence, des occupations, des loisirs) des personnes qui ont des caractéristiques délinquantes.

Proposition 8: Les variations dans le style de vie sont associées aux variations dans la convenance (par exemple être seul dans la rue), dans les goûts (par exemple épater les autres), et dans le style (par exemple une apparence chétive) des personnes susceptibles d'être une cible de victimisation personnelle.

En termes de conseils, ces propositions — qui concordent avec celles de nombreuses autres études, par exemple les études de victimisations hollandaises ou des études sur base d'entretiens comme celles de Born, Schaber et autres[15] en Belgique — rejoignent les recommandations les plus traditionnelles que des parents pouvaient faire à leurs enfants: bien travailler, rentrer à l'heure, avoir de bonnes fréquentations, car les pommes pourries sont contagieuses, ne pas faire d'excès, éviter l'alcool sauf chez soi, avoir un style de vie rangé.

De l'éloge de la vie rangée, on passera facilement à l'exigence d'une vie normale, en dehors de laquelle l'agression est normale. Les groupes de la population qui sont désignés comme plus fragiles, les femmes par exemple, ou les personnes âgées, anticipent d'ailleurs sur cette exigence: elles s'imposent très généralement un «couvre-feu» volontaire, et cette caractéristique se traduit, en termes de victimisation, par le fait que ce sont les fractions de la population qui ont le plus peur d'être victime qui, en termes d'expérience de victimisation, ont le moins raison d'avoir peur. Le danger de la politique qui peut être dérivée de ces propositions est de considérer que toute personne qui s'écarte des normes d'une vie rangée prend ses risques, et n'a qu'à s'en prendre à elle-même s'il en résulte des conséquences funestes. La solidarité aurait des limites. La protection de la société ne serait justifiée que pour les bons citoyens justifiant d'un style de vie normal. Les sombres prophéties que George Orwell faisait dans son livre *1984*[16] — le terme est échu — se retrouvent dans cette vision d'un monde uniforme, où chaque chose et chaque être est à sa place, où chacun devrait pouvoir être observé à tout moment puisqu'il ne devrait avoir rien à se reprocher, où chacun serait à tout moment utilisable et mobilisable sur-le-champ pour la cause publique.

Sans doute, nous n'avons parlé jusqu'ici que des lointaines implications des études de victimisations, c'est-à-dire d'études qui globalement touchent aux infractions de violence — les seules au sujet desquelles on puisse clairement interroger le tout venant. Il faudrait aller plus loin, et voir, infraction par infraction, si, au-delà du style de vie, on peut souhaiter, voire exiger, et sous quelles sanctions, que chacun, dans certaines circonstances, prenne des précautions particulières.

L'idée serait alors de se dire que le système pénal est un service public onéreux, auquel il ne peut être fait appel que si on a tout fait pour qu'il ne doive pas être mobilisé[17].

Partons d'exemples simples. Le vol de voiture. Les voitures, immobilisées le long des rues, représentent une richesse exposée et une tentation permanente pour le voleur. C'est lui faciliter la tâche, augmenter le risque, que de parquer sa voiture dans un endroit à l'écart, où on puisse opérer tout à l'aise. C'est aussi une augmentation du risque que de la mettre «en état d'être volée», en laissant par exemple la portière ouverte et la clé sur le tableau de bord: Kinberg[18] aurait dit que, de situation amorphe, la situation devient alors spécifiquement dangereuse et favorise le passage à l'acte. Dans certaines législations, comme le code de la route en Belgique, ce genre de favorisation du vol a été érigé en délit-obstacle: c'est un délit que de se mettre en état d'être victime, et c'est moins le délit qui est grave que toutes les conséquences qu'il impliquera en cas de vol, puisque le volé sera responsable civilement de toutes les conséquences du vol, même pour les autres: le reproche pénal rend la chose illicite et la souffrance condamnable.

Le modèle est lancé: dans un souci d'efficacité, le législateur peut être tenté de punir les victimes, indépendamment de toute provocation de la part de celles-ci. Comme l'écrivait François[19] dans une étude de la fin des années soixante, «simplement parce qu'elles sont après tout fort bien placées pour que leurs efforts pour éviter les délits soient suivis d'effets».

Un article d'une revue du Solliciteur général au Canada titrait récemment: «Ma maison est un château fort»[20]. Faut-il exiger que chacun construise d'une certaine manière, barde sa maison d'obstacles et de systèmes d'alarme, ne circule qu'en des temps normaux, avec des précautions exceptionnelles, par exemple le port d'une armure, en dehors de quoi il se terrera chez lui en tremblant?

Faut-il par exemple, en cas d'escroquerie, exiger que chacun fasse un usage normal de son intelligence, et considérer que s'il se fait prendre par plus malin que lui, ce serait sa faute s'il pouvait, par un contrôle normal, éviter d'être victime? Faudra-t-il, dans ce cas, limiter l'infraction en fonction de cette exigence, et individualiser en fonction de la victime, ce qui veut dire faire préalablement l'expertise d'intelligence de la victime? *Quid* si la victime est une personne morale, par exemple une banque?

4. L'entrée en scène du pénal

J'ai poussé les exemples jusqu'à l'absurde, pour indiquer qu'il importe de sérier les problèmes.

Le premier niveau qui préoccupe une société, en matière criminelle, est le niveau politique, c'est-à-dire les choix qu'il faut opérer dans l'utilisation de ressources limitées. L'intervention du système pénal coûte cher. Il importe qu'elle se fasse à bon escient et de la manière la plus rentable en termes économiques et humains.

Il n'est pas possible de décréter que si on ne prend pas un minimum de précautions, on se mettrait d'une certaine manière «hors la loi», je veux dire: hors de la protection de la loi, de la même manière qu'au Moyen Age lorsqu'on ne respectait pas les heures de guet, on risquait le «guet-apens» (Léauté[21] rappelle l'origine de ce mot dans un de ses livres), sans pouvoir espérer aucune intervention des gens d'armes. Actuellement, même si on prend des risques inconsidérés, on trouvera normal que la société déploie ses dispositifs de protection s'ils sont disponibles, même si cela coûte cher. Les choses pourraient cependant changer, en période de raréfaction des ressources publiques. On pourrait imaginer qu'à l'image de l'intervention de guides de montagne pour des alpinistes imprudents, ou de celle des pompiers en cas de hardiesse, une intervention financière soit demandée aux personnes secourues. Cependant, s'il est vrai que la communauté ne devrait pas avoir à subir les conséquences d'imprudences graves, le problème technique sera de déterminer ce qui est imprudent, et le problème humain de limiter la solidarité avec les personnes en détresse à ceux qui pourront en assumer les conséquences.

Le problème technique se retrouve dans les mécanismes de droit civil, comme l'intervention de l'assurance. Ici, tout est question de contrat, de chose convenue avec les moyens dont on dispose. On retrouvera cependant dans les conditions d'une assurance contre le vol, par exemple, certaines conceptions techniques de la prévention la plus adéquate : ainsi, dans certains contrats, la protection de l'assurance ne jouera-t-elle que si, au moment de l'absence, tous les volets de la maison étaient clos, alors que l'opinion la plus générale — les études de Waller par exemple — est que la prévention la plus efficace résulte de l'apparence de présence, et que des volets sont aisément maîtrisés par un voleur expérimenté. L'alarme pourrait devenir une exigence d'assurance: on voit apparaître sur le marché des «*packages*» d'assurance, couplant l'assurance contre le vol, la location d'un matériel d'alarme, et le coût de l'entretien régulier de ce matériel.

Pour les activités rentables, il est déjà dans la pratique courante que l'entreprise organise un relais et un filtrage, à ses frais, avant l'intervention du système pénal. Ainsi, une banque s'équipera de dispositifs de protection et fera-t-elle appel à des services de surveillance et de transports de fonds, qui ne coûteront qu'indirectement aux clients de l'entreprise. De même, depuis longtemps les grandes surfaces de vente recrutent des surveillants, et organisent collectivement la centralisation des renseignements. En Belgique par exemple, les principales surfaces de vente sont reliées à un système informatisé qui déclenche automatiquement, au tantième signalement, la mise en alerte des parents s'il s'agit d'un mineur, ou l'information du Ministère public[22].

L'intervention du système pénal est rare dans certaines matières économiques où l'on considère que les agents économiques doivent prendre leurs responsabilités : ainsi, en matière de chèques volés, les banques ont de plus en plus limité leur couverture, et l'utilisateur de chèques sait d'avance qu'un chèque est une arme dangereuse qui peut se retourner contre lui en cas de vol. Les cartes de crédit, jusqu'à présent, échappent encore à cette tendance, à condition que le titulaire fasse des démarches immédiates.

Le système pénal a donc tendance à être utilisé de manière de plus en plus économique, pour ce qui en «vaut la peine», pour les faits où on «n'y peut rien». Mais le problème de savoir vraiment ce qui vaut la peine d'une intervention publique, et le problème de déterminer quel doit être le comportement adéquat de la victime potentielle resteront toujours largement irrésolus.

C'est dire que le système de l'incrimination du fait d'être victime, ou de prendre le risque d'être victime, ne peut être utilisé qu'exceptionnellement, pour limiter d'autorité des risques, ou une aggravation des risques, intolérable. Ainsi, dans la plupart des pays, a-t-on imposé, sous la menace de sanctions pénales, le port de la ceinture de sécurité sur les sièges avant de la voiture, en sachant que dans cette situation, on atténuait les risques d'intervention de la sécurité sociale dans les neuf dixièmes des cas, même si, dans le dernier dixième — le cas d'incendie par exemple — on les aggravait.

Le comportement de la victime ne peut être pris en considération que dans l'appréciation de la responsabilité de l'auteur — la provocation par exemple, encore que certains cas de provocation soient des infractions : ainsi de l'adultère — ou que dans les conséquences civiles de l'infraction : par exemple, la plupart des pays qui ont instauré un système d'avance de l'indemnisation par les pouvoirs publics, ont prévu de tenir compte du comportement de la victime dans l'appréciation, en équité, de la solidarité que la communauté devait avoir avec la victime ou avec la famille : le système est fort voisin de celui de l'indemnisation de la détention préventive injustifiée, qui n'est légitime que dans la mesure où il s'agit d'un fonctionnement anormal des pouvoirs publics.

Il ne faudrait donc pas aller jusqu'à la limite des conséquences de la logique victimologique. Une des premières implications politiques de la logique victimologique avait été de dire qu'il fallait faire sortir du droit pénal les «crimes sans victimes», c'est-à-dire les crimes sans plaignant. Il ne fallait pas punir, par exemple, un crime ou une tentative de crime dont la victime est soi-même : ainsi, l'alcoolisme, la toxicomanie, ou le suicide manqué. Le droit pénal n'était pas le moyen adéquat d'intervenir dans ces genres de domaines. Il n'est pas plus adéquat de recourir au droit pénal pour rendre vigilantes les victimes potentielles : l'absurde et l'immoral rejoignent ici l'inefficacité.

NOTES

[1] Anttila, I., éd., *Towards a Victim Policy in Europe*, Helsinki Institute for crime prevention and control affiliated with the United Nations, Helsinki, 1984.
[2] Wolfgang, M.E., Basic Concepts in Victimological Theory: Individualization of the Victim, *in*: Schneider J.J., éd., *The Victim in International Perspective, op. cit.*, pp. 47-58.
[3] Martin, D., *Livre blanc sur l'indemnisation des victimes d'infractions*, Huy, A.S.B.L. Aide et Reclassement, Bruxelles, Fondation Roi Baudouin, 1983; L'indemnisation des victimes d'infractions, *Annales de Droit de Liège*, 29/2 (1984), pp. 123-253.
[4] Hulsman, L.H.C. et Bernat de Célis, J., *Peines perdues*, Paris, Le Centurion, 1982; voy. aussi Conseil de l'Europe, *Rapport sur la décriminalisation*, Strasbourg, Comité européen pour les problèmes criminels, 1980.
[5] Christie, N., *Limits to Pain*, Oslo, Universitetsforlaget, 1981.
[6] Fattah, E.A., *La victime est-elle coupable? (Le rôle de la victime dans le meurtre en vue de vol)*, Presses de l'Université de Montréal, 1971; La victimologie: entre les critiques épistémologiques et les attaques idéologiques, *Déviance et Société* (Genève), 5/1 (1981), pp. 71-92.
[7] West, D.J., *Delinquency, Its Roots, Careers and Prospects*, London, Heinemann, 1982; in collaboration with Farrington, D.P., *Who Becomes Delinquent?* London, Heinemann, 1973, 201 sv.
[8] de Quincey, T., *De l'assassinat considéré comme un des beaux-arts*, traduction française de Leyris, P. et Schwob, M., Paris, Gallimard, 1963, ou de Bailey, W.M., Paris, Nouvel Office d'édition, 1963.
[9] Krywin, A., et al., Débat: Viol et Justice pénale, *Déviance et Société* (Genève), 3/1 (1979), pp. 698-88.
[10] Zauberman, R., Grandes enquêtes en recherche pénale et difficultés de réalisation: réflexions complémentaires à propos des enquêtes de victimisation, *Déviance et Société*, 6/3 (1982), pp. 281-308; du même auteur, Sources d'information sur les victimes et problèmes méthodologiques dans ce domaine, *in Recherches sur la victimisation*, vol. XXIII des «Etudes relatives à la recherche criminologique», Strasbourg, Conseil de l'Europe, 1985.

[11] Waller, I., Victimization Studies as Guides to Action: Some Cautions and Suggestions, in Schneider, H.J., éd., *The Victim in international Perspective*, op. cit., pp. 166-188.

[12] Steinmetz, C.H.D., *A first step towards victimological risk analysis*, Den Haag, Dutch Ministry of Justice, 1982; Van Dijk, J.J.M., Steinmetz, C.H.D., *Victimization Surveys: Beyond Measuring the Volume of Crime*, Den Haag, Dutch Ministry of Justice, 1982.

[13] Garofalo, J., *Lifestyles and victimization, an update*, Albany, Michael J. Hindelang criminal justice research center, 1983 (Background paper for a seminar on «Proneness to Victimization» at the 33rd international course in criminology, Vancouver, B.C. Canada, March 1983); Cohen, L.E., Kluegel, J.R. et Land, K.C., Social inequality and predatory criminal victimization, *American Sociological Review*, 46/5 (Oct. 1981), pp. 505-524.

[14] Hindelang, M.J., Victimization Surveying, Theory and Research, in Schneider, H.J., éd., *The Victim in international Perspective*, Papers and Essays given at the «Third International symposium on Victimology», 1979 in Münster/Westfalia, Berlin, Walter de Gruyter, 1982, pp. 151-165.

[15] Born, M., *L'adoption de comportements socialement déviants chez les jeunes*, thèse de doctorat en psychologie, Université de Liège, 1983; du même auteur, *Jeunes déviants ou délinquants juvéniles?*, Bruxelles, Mardaga, 1983.

[16] Orwell, G., *1984*, traduction française de *Nineteen Eighty-Four*, par Audiberti, A., Paris, Gallimard, 1950.

[17] Kellens, G., «Victimisations», insécurité et système pénal, *Journal des Tribunaux* (Bruxelles), 1982, pp. 537-542.

[18] Kinberg, O., *Les problèmes fondamentaux de la criminologie*, version française établie par l'auteur, Paris, Cujas, 1959, pp. 154-171; Bennett, T., Wright, R., Offenders' perception of targets, *Home Office Research Bulletin* (London), 15 (1983), pp. 18-20.

[19] François, L., Remarques sur quelques questions de droit pénal social, particulièrement sur l'imputabilité, *Revue de droit pénal et de criminologie* (Bruxelles), 1968-69, p. 517.

[20] Marchall, J., Ma maison, Une forteresse, *Liaison* (Ottawa, Solliciteur Général du Canada), 8/9 (oct. 1982), pp. 24-30.

[21] Léauté, J., *Notre violence*, Paris, Denoël, 1977.

[22] Schmitz, P.E., Le vol à l'étalage en Belgique, *Revue de droit pénal et de criminologie* (Bruxelles), 1982, pp. 375-400.

Chapitre 6
Cambriolages

1. Modélisations économiques

« Une population humaine et une population ratière vivent dans une position d'équilibre mouvant, dont les conditions peuvent être définies. Lorsque le nombre de rats a diminué considérablement, soit par suite d'épidémie, soit en conséquence d'une chasse bien organisée, l'attention des hommes se relâche; mais même si elle reste la même, la population ratière augmente à nouveau, car chaque rat se trouve devant des possibilités plus grandes de nourriture. Leur population va donc s'accroître, grâce à son grand pouvoir de multiplication, jusqu'au moment où sa mortalité augmentera de nouveau, soit par réaction de la population humaine, soit par manque de nourriture.

Un équilibre s'établit aussi entre les deux populations, sous l'influence de divers facteurs:

1. *L'accroissement de la population humaine* entraîne une augmentation proportionnelle de la population ratière, si les conditions économiques de chaque homme restent les mêmes (production, consommation, équipement).

2. *L'augmentation de la richesse par personne* entraîne, en principe, une augmentation plus que proportionnelle de la population ratière, car un prélèvement proportionnel peut être mieux supporté, quand il porte sur un revenu élevé. Cependant, cette augmentation de richesse peut aller avec une amélioration technique (soit dans le temps pour l'ensemble de la population, soit pour une personne) ou un plus grand souci de lutte. Les deux processus vont donc en sens inverse. D'autre part, une augmentation de la population ratière accroît sa consommation globale et réduit ainsi la richesse par personne.

3. *L'amélioration des techniques de prévention et de répression* réduit la population ratière, toutes choses égales par ailleurs.

4. *Une attention plus grande des hommes* comportant une meilleure utilisation des techniques existantes exerce le même effet, mais, si le nombre de rats diminue, ainsi que les dégâts causés par eux, l'attention des hommes se relâche »[1].

C'est ainsi qu'Alfred Sauvy pose en termes économiques le problème de la coexistence d'hommes et de rats, et par analogie la coexistence de deux populations humaines : une population de citoyens «honnêtes», et une population de prédateurs, vivant aux dépens de la première.

Si l'on veut un instant négliger l'extrême simplification qu'il y a à ne pas distinguer toutes sortes de populations d'honnêtetés souples et souvent conflictuelles vivant toutes de quelque manière aux dépens les unes des autres, le vol est sans doute le type d'infractions qui se prête le mieux aux épures économiques : il s'agit d'infractions très traditionnelles, ressenties, signalées, poursuivies, condamnées, dans de grandes proportions, et dont on peut, plus facilement que pour d'autres, imaginer que leur déclenchement dépend d'une optimisation des choix, résultant d'un calcul de coûts et de bénéfices, lui-même tributaire d'une évaluation des obstacles et des risques.

Ce n'est jamais là qu'une vision abstraite des choses, car personne n'est vraiment en situation de choisir une activité délinquante, et les déterminants du vol peuvent être multiples et étrangers aux mobiles économiques. Albertine Sarrazin a décrit de délicate façon le frisson de la cambriole et le jeu de gendarmes et de voleurs qui est un élément essentiel de plaisir. Il n'en reste pas moins que c'est pour le voleur qu'on imagine le mieux une carrière, une planification, un choix d'objectifs et de moyens, une «stratégie» comme dirait Maurice Cusson[2].

En troisième position d'importance numérique parmi les catégories de vols recensés dans les enquêtes de «victimisations» (enquêtes menées auprès du public et utilisées, en Hollande par exemple, comme principal instrument de mesure statistique de la délinquance), après le vol à la tire et le vol de grands magasins, le cambriolage est, parmi les vols, l'activité qui s'apparente le plus à une entreprise délinquante, qu'il semble possible de contrecarrer en agissant sur le candidat cambrioleur ou en modulant sa proie. C'est à propos du cambrioleur que David Matza avait imaginé de voir dans un délinquant une sorte de fonctionnaire à prestations discontinues, dont on connaît les empreintes, le mode d'opérer, les habitudes, les refuges, et qui régulièrement «replonge» en prison, démontrant par là même l'efficacité de la police et rassurant par son enfermement les honnêtes gens, remplissant par ses prestations la fonction de créer une apparence de consensus contre le crime[3].

2. Recherches sur le cambriolage

De nombreuses études ont été consacrées au cambriolage, c'est-à-dire au vol commis par effraction ou fausses clés ou escalade ou d'ailleurs quelque moyen de pénétration que ce soit, dans un lieu d'habitation ou d'activité. On parle en anglais de *burglary*, par opposition au vol simple, *larceny*, et au vol avec violences, *robbery*. Les plus importantes recherches sont anglaises ou américaines. Un chercheur du service de recherche scientifique du Ministère néerlandais de la justice (*W.O.D.C.*) a récemment présenté une intéressante synthèse des principales d'entre elles[4].

M.A. Röell indique qu'en 1982, selon l'enquête de victimisations, 2,2 % des Néerlandais interrogés (de 15 ans ou plus) auraient été victimes d'un cambriolage (*inbraak*), ce qui voudrait dire qu'on risque en moyenne de subir un cambriolage en 50 ans. En 1981, selon le même type de sources, un ménage américain sur 11,3 aurait été victime d'un cambriolage ou d'une tentative de cambriolage. Aux Pays-Bas, 80 % des victimes de cambriolages auraient rapporté l'infraction aux autorités de police. Le pourcentage est à peu près le même au Royaume-Uni et aux Etats-Unis. Acceptons ces chiffres comme mesure provisoire, même si d'importantes critiques méthodologiques sont adressées à ce type de sources lorsqu'on veut les utiliser comme mesure de la délinquance.

L'augmentation des cambriolages aurait été parallèle à l'accroissement de la valeur des biens dont on dispose à domicile. Des changements dans les habitudes de vie et d'emploi auraient également augmenté les occasions en multipliant les temps d'inoccupation de l'habitation. Les campagnes seraient plus visées qu'auparavant, et ce seraient surtout des maisons qui peuvent être approchées sans être vu et dont la pénétration pourrait être discrète qui seraient choisies. Les fréquentes inoccupations seraient un deuxième facteur du choix. L'importance du butin ne viendrait qu'en troisième position dans les décisions, et les systèmes de protection ne joueraient qu'un rôle accessoire. Le moment choisi correspondrait surtout aux périodes d'inoccupation, c'est-à-dire le jour en semaine, le soir le vendredi et le samedi et les jours de congé.

Les trois quarts des cambriolages auraient lieu en l'absence des habitants, et les confrontations seraient donc très rares. Dans 11 % des 322 cambriolages étudiés par Maguire, le cambrioleur aurait été dérangé dans son travail par la présence ou le retour à la maison des habitants, dans 6 % des cas le cambrioleur avait été seulement vu ou entendu, et dans 4 % des cas une entrevue ou une confrontation physique avait eu lieu. Personne n'avait été blessé. Aux Pays-Bas, chaque année, 10 à 20 cas de cambriolage, soit 0,01 % de l'ensemble des cambriolages portés à la connaissance de la police, ont entraîné des violences physiques graves de la part du cambrioleur.

Le cambriolage est rarement réalisé avec un appareillage sophistiqué. Tant en Angleterre qu'à Boston, un quelconque instrument n'apparaissait que dans 11 % des cas, et il s'agissait généralement d'un simple tournevis ou d'un pied-de-biche. Dans un tiers des cas, il avait suffi d'entrer par la porte ou la fenêtre ouverte. Dans plus de la moitié des cas, un carreau avait été enfoncé. Les fenêtres arrière avaient la préférence en Angleterre, la porte de devant en Amérique. Les Hollandais semblaient s'aligner sur les Anglais. Dans 2 ou 3 % des cas, le cambriolage s'accompagne de destructions ou de salissures, généralement de faible gravité.

D'enquêtes hollandaises de 1982 et 1983, largement recoupées par des études d'autres pays, l'argent et les chèques sont les premiers objets de vol. Les bijoux et l'argenterie viennent en deuxième lieu, puis l'appareillage sonore, et enfin les cigarettes, l'alcool, etc. L'ordre change quelque peu d'un endroit à l'autre.

La valeur des vols varie selon la richesse des lieux. 10 à 12 % seulement des biens volés sont retrouvés, le plus souvent grâce à l'action personnelle des victimes.

La grande majorité des auteurs des cambriolages restent inconnus, et cependant le récidivisme est très élevé, le plus élevé peut-être de l'ensemble des infractions faisant habituellement l'objet de poursuites. Un faible nombre de cambrioleurs semble donc responsable d'un grand nombre de cambriolages. Wolfgang avait évalué à Philadelphie que 6 % des cambrioleurs étaient responsables de plus de 50 % de l'ensemble des cambriolages.

Aux Pays-Bas, près de la moitié des condamnés du chef de cambriolage sont des mineurs de moins de 17 ans, ce qui ne signifie pas que la population criminelle présente les mêmes classes d'âges: en effet, un jeune travaille de façon moins expérimentée, est plus facilement repéré, et se défend moins bien. Mais une étude de déliquance autorévélée réalisée en Norvège en 1965 donnait un pic de délinquance de cambriolage entre 10 et 14 ans.

Les cambrioleurs attrapés viennent le plus souvent des faubourgs déshérités des grandes villes, mais cette caractéristique, ici encore, est peut-être plus explicable en termes de vulnérabilité aux poursuites qu'en termes de réalité de la délinquance. Les plus âgés semblent voler plus loin de leur domicile que les plus jeunes, ce qui semblerait indiquer chez eux une plus grande planification, et chez les plus jeunes une conduite plus impulsive. Les auteurs hésitent à distinguer des professionnels et des amateurs: la plupart des cambrioleurs arrêtés ne relèvent clairement d'aucune des deux catégories, et la carrière, lorsqu'on peut l'identifier, s'apparenterait le plus souvent à celle du joueur, connaissant de temps en temps un succès, mais à la longue et au total des pertes continuelles. Les collègues ont pour la plupart des cambrioleurs une grande importance, et le style de vie usuel, la boisson, le jeu, la bravoure, les largesses attirent l'attention de la police.

Comme l'écrit Röell, dont nous suivons l'exposé, un nouveau groupe de cambrioleurs serait entré en scène et changerait les règles du jeu: des toxicomanes agiraient, plus encore que les autres catégories de cambrioleurs, sans véritable calcul, sous la pression de l'état de manque. Moins encore que les autres, ils seraient sensibles à une augmentation des risques. Or, la plupart des cambrioleurs déjà, contrairement à l'hypothèse que nous posions au départ, se souviennent davantage de leurs succès que de leurs échecs. Ils sont rarement pris en flagrant délit et peuvent imputer leur malchance à la délation de collègues. Si un cambrioleur se retire des affaires, ce sera bien plus en raison de sa situation de famille ou par désenchantement que par l'effet de prévention générale exercé par la menace de la sanction. Certains, à la retraite, se reconvertiront en organisateurs et en agents de liaison. La «solution» policière ou judiciaire au problème du cambriolage, qui est en vérité bien ancien, n'est donc pas encore en vue.

3. Analyse situationnelle

L'étude de Trevor Bennett et Richard Wright[5] mérite une attention toute particulière, tant par sa méthode que par sa manière de poser les problèmes. Centrée sur deux préoccupations, d'une part la prévention de «situations» de cambriolage, d'autre part le rôle de la dissuasion dans la formation de la décision de cambrioler, les deux chercheurs de l'Université anglaise de Cambridge ont sélectionné systématiquement une population de cambrioleurs à partir des dossiers d'un certain nombre de prisons et d'un établissement «borstal» (maison de rééducation à régime progressif) pour jeunes adultes dans la moitié sud de l'Angleterre. Les quatre critères de sélection étaient, d'abord qu'il fallait qu'il s'agisse d'hommes, le rôle des femmes — condamnées à tout le moins — étant marginal dans ce secteur. Il fallait qu'ils aient seize ans ou plus, à défaut de quoi il aurait fallu obtenir pour les interroger le consentement des parents. En troisième lieu, ils devaient être sous le coup d'une peine de prison, ou placés sous probation, du chef de cambriolage. Enfin, ils devaient être disposés à accepter l'interview.

Ainsi furent sélectionnés 309 condamnés, dont on peut dire qu'ils représentent bien la catégorie des cambrioleurs expérimentés arrêtés. 128 d'entre eux participèrent à l'interview semi-structurée, 51 furent soumis à une interview structurée, et 130 connurent des méthodes expérimentales consistant à désigner sur des enregistrements vidéo ou sur des photos globales ou plus détaillées les différents éléments intervenant dans la décision de cambriolage.

Quant au premier des deux points examinés, celui des *situations* de cambriolage, Bennett et Wright ont interrogé les condamnés sur trois stades importants de leur processus d'infraction : la décision de commettre l'infraction et l'infraction elle-même, et ce qui se serait passé s'ils avaient été empêchés de commettre une infraction.

En relation avec la décision de commettre une infraction, peu de condamnés disent avoir pris une décision en fonction d'une opportunité découverte par hasard. La plupart d'entre eux ont pris leur décision dans un contexte différent de celui dans lequel l'infraction elle-même s'est déroulée. La majorité d'entre eux affirmaient que la décision avait été précipitée par certains facteurs spécifiques (le besoin d'argent, ou l'influence des autres le plus souvent).

Ce qui s'était passé entre décision et passage à l'acte avait dépendu de la manière dont la cible potentielle avait été choisie. Bennett et Wright avaient qualifié d'«opportuniste» le processus où une occasion, découverte par chance, avait été immédiatement exploitée. Si la décision avait été suivie de la recherche de la cible appropriée, ils avaient parlé d'infraction «recherchée». S'il y avait eu un intervalle de temps entre la sélection de la cible et la mise à exécution, ils avaient parlé d'infraction planifiée, en distinguant encore une planification à dominante opportuniste (décision stimulée par la découverte d'une opportunité et mise à profit rapide de cette opportunité), et une planification à dominante de recherche (décision, sélection et passage à l'acte étant alors bien séparés dans le temps). La majorité des condamnés ont décrit l'un des processus planifiés comme étant leur style propre d'infraction, la connotation dominante étant celle de recherche. Les auteurs sont cependant conscients de ce que des nuances dans la définition sont la principale raison des divergences que l'on peut observer entre différentes recherches sur le cambriolage : qu'est-ce, dans les différentes recherches, qu'une infraction d'opportunité, ou une infraction planifiée ? Problème éternel et fondamental de sciences sociales, où la manière de poser un problème détermine la solution.

Si un obstacle avait surgi au moment de passer à l'acte, les condamnés inteviewés auraient, pour une moitié d'entre eux, renoncé à l'infraction, et ils seraient rentrés chez eux. Plus nombreux encore sont ceux, la catégorie précédente comprise, qui auraient renoncé selon les circonstances. Ce qui veut dire que la majorité de la population interrogée n'obéit pas à une motivation constante et irrépressible. Cependant, pas mal d'entre eux concédaient qu'ils feraient une autre tentative quelques jours ou quelques semaines plus tard. Il est dès lors difficile de dire qu'un obstacle les a amenés à effectivement renoncer, ou à choisir de déplacer leur infraction. De nouveau, lorsqu'on cherche à comparer ces résultats avec ceux d'autres recherches, on se heurte au problème de définition de ce que c'est qu'un déplacement. Dans la plupart des recherches, c'est au fait numérique du déplacement d'un certain nombre d'infractions qui auraient été commises à un certain endroit, dans un autre endroit, qu'il est fait référence, alors que pour Benett et Wright, c'est l'état d'esprit du candidat à la délinquance qui importe. Et le résultat de leur recherche est simplement que certaines infractions sont déplacées.

Un postulat implicite dans la prévention situationnelle, est que les délinquants sont des acteurs rationnels qui librement choisissent de commettre une infraction. Cette vue essentiellement utilitariste s'est posée ces dernières années en rivale de l'image d'un homme dont les actions sont déterminées par des causes extérieures à son contrôle. L'analyse des processus mentaux menant à l'infraction apporte quelque support à l'hypothèse d'un choix de la délinquance. Peu de personnes interviewées se sont affirmées inconscientes des facteurs qui ont amené leur décision ou ont cherché à nier leur responsabilité de leurs actions. Mais il est moins certain que leur processus de décision puisse être qualifié de «*rationnel*». Si l'on s'en tient au modèle purement utilitariste selon lequel l'individu cherche à maximiser le plaisir en calculant les coûts et les bénéfices des différentes possibilités d'action, ce que l'on observe de la manière dont un cambrioleur se décide à une action déterminée ne correspond pas à ce modèle. En revanche, si l'on accepte un modèle assoupli de rationalité limitée, on peut admettre que le candidat cambrioleur soupèse un certain nombre de facteurs pertinents chaque fois qu'il entend se décider à commettre une infraction, mais il ne maîtrise pas entièrement son humeur, ses sentiments, ses motifs et ses intentions immédiates, ses jugements moraux concernant l'acte qu'il envisage, ses perceptions des opportunités et de sa capacité de les exploiter. Il ne maîtrise pas vraiment non plus sa paresse, sa dépendance de produits toxiques, et l'influence que les autres excercent sur sa volonté, ou sa disposition, à prendre des risques. Comme les perceptions varient en outre dans le temps, ce qui peut paraître rationnel à un moment ne sera pas perçu comme tel, par un candidat délinquant, à un autre moment.

Au total donc, la manière dont un condamné rend compte de sa décision de cambrioler en fournit une image consciente et délibérée. La seule réserve réside dans le rôle des facteurs situationnels dans la décision de délinquer. Si la découverte de la bonne occasion est rarement l'élément décisif, cela ne signifie pas qu'une abondance d'opportunités de cambrioler soit sans importance dans le processus de décision. Inversement, des mesures rendant la situation moins attrayante peuvent avoir une efficacité partielle dans la réduction des cambriolages.

Si l'on examine plus avant les caractéristiques des cibles considérées comme des objectifs valables et leur influence sur la décision de délinquance, les caractéristiques peuvent être regroupées en trois grandes catégories, selon le risque que cela impose, selon l'avantage qu'on peut en tirer, et selon la commodité de l'opération. Parmi les facteurs de risque, Bennett et Wright avaient retenu le terrain découvert, la présence ou la proximité de voisins, l'occupation, la visibilité, le passage, les patrouilles de police, les systèmes d'alarme, les chiens, la distance par rapport à la route, les voies d'échappée, les accès arrières. Il n'y avait guère d'intérêt à subdiviser les éléments qui indiquaient que l'opération en valait la peine. En revanche, à propos de la commodité d'agir, on pouvait retenir les systèmes de fermeture et les points névralgiques d'entrée.

Les éléments les plus importants (dans le sens de: ceux qui sont le plus souvent mentionnés) relèvent des catégories larges «surveillabilité» et «occupation». Et pourtant, dans les programmes officiels de prévention du cambriolage, c'est la sécurité qui est surtout encouragée : invariablement, on encourage les occupants à placer des fermetures de sécurité supplémentaires. Aux Etats-Unis, ce sont les facteurs de situation spatiale qui sont surtout mis en exergue, ce qui correspond certainement à une croyance de sens commun, mais nullement aux résultats de recherches. De même, la cohésion sociale, le temps de réponse de la police, les problèmes d'accès, les patrouilles de police, le mouvement de piétons, le flot de trafic, sont rarement mentionnés dans les interviews de cambrioleurs.

Tout en observant que leurs remarques ne sont valables que pour le type de cambrioleurs sur lequel a porté leur étude (c'est-à-dire un cambrioleur d'un certain âge, d'une certaine expérience), Bennett et Wright tirent de leur recherche la recommandation d'attacher une importance particulière à la surveillabilité et à l'occupation. A défaut d'occupation permanente, on peut veiller à des signes d'occupation : la lumière, la voiture, les traces d'entrée, en évitant que la boîte aux lettres ne déborde et que les bouteilles de lait ne s'accumulent. Dans l'étude de Bennett et Wright, l'annonce d'une alarme, ou les signes de présence d'un chien, sont dissuasives. Les cambrioleurs interviewés disent aussi attacher une grande importance aux voisins, et l'efficacité du voisin est plus grande s'il dispose d'une certaine visibilité, ce qui répond à certains des soucis d'Oscar Newman de créer des «espaces défensibles».

Savoir si une prévention est imaginable à l'échelon d'une communauté est délicat. La solidarité d'un quartier peut être efficace à certains endroits et moins convenir à d'autres. Il faut individualiser les solutions, en tenant toujours compte des coûts d'une opération de dissuasion. Le déplacement de phénomènes criminels que ces opérations entraînent peuvent créer quelques scrupules moraux. Mais surtout, des programmes de prévention ne peuvent pas altérer la qualité de la vie des habitants de façon disproportionnée par rapport au mal que l'on veut éviter : des exemples bien précis sont rapportés de choix d'habitants de conserver un élément essentiel de leur cadre quotidien même s'il présente des inconvénients sur le plan de la sécurité. C'est une limite de tout effort de prévention de ne pas dépasser l'objectif : ainsi, si l'argent est une source de problèmes, ce n'est pas une raison suffisante pour le supprimer complètement en le remplaçant par exemple par une carte magnétique générale individualisée ne permettant que des épuisements officiels de la charge de sa carte, ainsi qu'un collègue allemand l'avait proposé il y a quelques années. Les programmes futurs de prévention du cambriolage doivent comporter deux principes essentiels : sans doute, augmenter les contraintes qui pèseront sur les décisions des cambrioleurs potentiels, mais aussi voir si les victimes potentielles percevront les conditions de ces contraintes comme nécessaires et acceptables. Les perceptions des deux populations doivent être prises en compte.

4. Le rôle de la dissuasion

A côté de l'analyse situationnelle, l'étude de Bennett et Wright portait sur le rôle de la dissuasion, c'est-à-dire sur l'effet de prévention générale exercé par le risque d'être pris et puni. Ils ont ainsi examiné quatre points principaux : (1) la croyance des candidats délinquants sur leurs risques d'être pris ; (2) leur croyance à propos de la sentence qu'ils encourent ; (3) leurs attitudes à propos de la capture et de la sentence ; (4) leur motivation à délinquer.

Les interviews réalisées indiquent que très peu d'entre eux ont, dans leur détermination, tenu compte du risque d'être pris. Ou plutôt, ils ont choisi de ne pas penser au risque de capture, ou de croire qu'ils ne seraient pas pris. Comme l'explication que l'on donne à ses actions peut aussi être un élément qui les rend possibles, Bennett et Wright distinguent, à la suite d'autres sociologues, différents mécanismes qui peuvent occulter les résistances morales au passage à l'acte (on se rappellera notamment Manouvrier) : les « rationalisations » interviennent quand l'acte est posé et protègent la conscience de la culpabilité légale ; les « verbalisations » sont en revanche des éléments facilitants du passage à l'acte, après qu'on en ait envisagé la possibilité ; tandis que les « neutralisations » interviennent avant même la conception de l'acte. Ils rangent les éléments qui viennent d'être dits parmi les «verbalisations».

La perception du risque d'être pris — le risque subjectif, dira-t-on — est alimenté surtout par des expériences que l'on connaît de près, pour les avoir connues soi-même, ou pour en avoir été le proche témoin. La connaissance indirecte, par les rapports officiels ou les nouvelles diffusées par les média, semblent avoir peu d'importance. Le risque quantitatif de capture n'est pas le seul élément : la manière d'être pris a autant d'importance, puisque le cambrioleur croira, ou voudra croire, qu'il a été pris non pas à cause d'une erreur de sa part, mais à la suite de la délation d'un collègue.

Sur la sentence qu'ils risquent de se voir infliger, les cambrioleurs interviewés ont une opinion inexacte du montant encouru, mais une vision assez exacte du type de sentence. Comme un électricien qui s'habitue à avoir de l'électricité dans les doigts, le candidat cambrioleur semble cependant ne pas se soucier du risque de sentence, ou plutôt, selon un mécanisme qui a déjà été cité, décider de ne pas y penser. Le problème essentiel est de gagner quelque argent, et le bénéfice peut l'emporter sur la perspective du risque pénal encouru. Il ne s'agit pas d'obtenir de l'argent pour l'accumuler, mais de survivre dans l'instant, et s'ils avaient d'autres moyens commodes d'obtenir cet argent, sans doute abandonneraient-ils leur activité de cambrioleur.

A partir de ces observations, Bennett et Wright énoncent les options de politique qui peuvent en être tirées. Augmenter la perception du risque de capture est peu réaliste si l'on tient compte des limites de l'action de la police et des «verbalisations» que l'on a déjà dites, mais on peut sans doute diminuer l'accessibilité des cibles sûres, ce qui diminuera la rentabilité des actions en obligeant à prendre davantage de précautions. Augmenter la perception du risque de sentence n'est pas plus réaliste, de nouveau en tenant compte de la mentalité du candidat délinquant comme de l'encombrement même des prisons. Reste la possibilité de diminuer les utilités positives de la délinquance, en rendant la marchandise difficile à écouler (par le poinçonnage par exemple), soit en fournissant des moyens légitimes d'obtenir les mêmes ressources : de même qu'on avait songé récemment, en Allemagne fédérale, à récompenser de jeunes mamans qui avaient accepté de mener une grossesse à son terme en renonçant à l'avortement, de même un projet gouvernemental anglais envisageait de payer des délinquants pour qu'ils ne commettent plus d'infractions. Sans sourciller, Bennett et Wright indiquent cependant qu'une telle solution pourrait susciter quelque résistance en tant qu'elle créerait une discrimination positive, particulièrement en temps de crise économique, en faveur des délinquants. Le souci d'éthique rejoint ici, en réalité, non seulement le traditionnel noyau de résistance de la population à tout ce qui peut favoriser un délinquant sans favoriser d'abord les non-délinquants, mais en outre la simple et matérielle difficulté que l'on aurait à prouver officiellement qu'on est un véritable délinquant et que, pour l'avenir, on est disposé à transiger sur son activité.

NOTES

[1] Sauvy, A., Quelques aspects économiques et démographiques de la criminalité, *Population*, 25/4 (1970), pp. 759-769.
[2] Cusson, M., *Délinquants pourquoi?*, Paris, Armand Colin, 1981.
[3] Matza, D., *Becoming deviant*, Englewood-Cliffs, Prentice-Hall, 1969.
[4] Röell, A., Inbraken: wat weten we ervan? *Justitiële Verkenningen*, 1984, n° 8, pp. 5-26.
[5] Bennett, T., Wright, R., *Burglars on Burglary*, Aldershot (U.K.), Gower, 1984.

Chapitre 7
Profession : receleur

1. Le credo d'un «grand» receleur

«1) Ne jamais faire plus de mal à autrui qu'il n'est nécessaire pour l'exécution de son dessein, le mal étant chose trop précieuse pour être prodigué inutilement.
2) Ne reconnaître entre les hommes aucune distinction fondée sur l'affection; mais les sacrifier tous avec une égale facilité à ses intérêts.
3) Ne jamais en dire plus long sur une affaire qu'il n'est nécessaire à la personne qui la doit exécuter.
4) Ne pas se fier à qui vous a trompé, non plus qu'à qui sait avoir été trompé par vous.
5) Ne pardonner à aucun ennemi; mais être prudent et savoir différer sa vengeance.
6) Fuir la pauvreté et la misère et s'allier le plus étroitement possible au pouvoir et à la richesse.
7) Garder une constante gravité dans le visage et la conduite et affecter la sagesse en toutes occasions.
8) Fomenter des jalousies éternelles entre les membres de sa bande.
9) Ne jamais récompenser personne selon ses mérites; mais toujours insinuer que la récompense était au-dessus de ceux-ci.
10) Tous les hommes sont des coquins ou des sots et, pour le plus grand nombre, de beaucoup, ils sont un composé des deux.
11) Une bonne renommée, c'est comme l'argent: il faut s'en séparer ou du moins la risquer fortement afin de procurer quelque avantage à son possesseur.
12) Les vertus, comme les pierres précieuses, sont aisément contrefaites; dans les deux cas, les contrefaçons ornent également qui les porte, et bien rares sont

ceux qui ont assez de connaissances et de discernement pour distinguer le bijou imité d'avec le véritable.
13) Bien des hommes sont perdus parce qu'ils ne vont pas assez loin dans la friponnerie; tout comme au jeu un homme peut être perdant parce qu'il ne triche pas assez.
14) Les hommes proclament leurs propres vertus, comme les boutiquiers exposent leurs marchandises, afin d'en tirer profit.
15) Le cœur est le siège approprié de la haine, et le visage celui de l'affection et de l'amitié»[1].

Voilà quelques-uns des préceptes qui, selon Henry Fielding, ont permis à Jonathan Wild «le grand» de faire carrière dans le crime, ou plus exactement de devenir le receleur de profession le plus puissant et le plus typé dont on connaisse le détail de la vie.

Daniel Defoe, qui a lui aussi consacré un livre à la vie et aux actes de Jonathan Wild, son contemporain, a décrit en détail son mode d'opérer. Le procédé «ne consistait en rien d'autre qu'à encourager les coquins au vol et au pillage et à venir ensuite demander de l'argent pour leur faire rapporter ce qu'ils avaient dérobé, argent sur lequel il prélevait toujours une part personnelle»[2]. Durant le premier quart du XVIIIe siècle, il put ainsi contrôler la pègre de Londres. Il ne mourut pas «de son métier d'attrape-voleurs, mais bien parce qu'il était sorti de sa route habituelle en ayant part au vol, comme après cela à la récompense. Et là, il fut pris à son propre piège, car les voleurs qu'il employait furent les témoins qui le firent pendre»[3]. Alors qu'il avait eu soin jusqu'alors de toujours opérer par intermédiaire, son insatiable rapacité le perdit. Voleur et receleur, ce sont deux métiers différents. Pour avoir méconnu ce principe, il ne fut sauvé de la fureur populaire que par la corde du bourreau, le 24 mai 1725.

Peu de criminels ont eu les honneurs de si grands écrivains, même si l'un le traite en mode ironique, et l'autre en termes sentencieux. L'un et l'autre évoquent une route, une carrière. Fielding le voit dès l'enfance voué à être un coquin.

«Il montra si peu d'attention à l'étude que son maître, homme de mérite et de fort bon sens, renonça bientôt à toute peine et à tout souci sur ce point et, ayant informé les parents que leur fils faisait les plus grands progrès dans ses études, il laissa son élève suivre ses propres inclinations, car il voyait qu'elles le menaient à une carrière plus noble que les sciences, généralement reconnues pour une étude fort peu lucrative, qui, en fait, entrave grandement l'avancement des hommes dans le monde. Mais si le jeune M. Wild n'était pas estimé le plus empressé à ses exercices, chacun convenait qu'il était le plus adroit à les dérober à tous ses camarades, ne se laissant jamais surprendre en pareilles voleuses compositions, non plus qu'en aucune autre application de ses grands talents, toujours dirigés dans le même sens, si ce n'est une fois qu'il s'était emparé d'un livre intitulé *Gradus ad Parnassum*, c'est-à-dire *Un pas vers le Parnasse*; occasion à laquelle son maître, homme de beaucoup d'esprit et d'une étonnante sagacité, est réputé lui avoir dit qu'il souhaitait que cela ne se révélât pas en fin de compte *Gradus ad patibulum* ou *Un pas vers la potence*»[14].

Une profession requiert cependant un certain nombre d'éléments qu'une carrière ne comporte pas nécessairement.

2. Professions criminelles

Trois auteurs nous aideront à éclairer la notion de profession criminelle.

Gabriel Tarde, tout d'abord, a soutenu qu'un des traits d'évolution du crime au cours des temps était sa progressive professionnalisation. De formes inorganisées et spontanées, on en arriverait, pour des raisons d'efficacité, à une organisation et à une préparation professionnelle.

«Peut-être naît-on vicieux, écrivait-il, mais à coup sûr on devient criminel»[5].

«Le crime est tout simplement une *profession*, héritage du passé sans doute et d'un passé très ancien mais héritage fort bien cultivé et grossi par la civilisation qui le recueille[6].»

«*Le crime est un métier* qui, comme tout autre, a ses années d'apprentissage au cours d'une enfance vagabonde et souillée, ses écoles spéciales, son langage particulier, ses associations professionnelles, temporaires ou permanentes (Jacquerie, Camorra, Maffia, etc.), qui ressemblent beaucoup plus à des corporations industrielles qu'à des tribus de sauvages.

» Ce métier dont les caractéristiques varient selon le milieu rural ou urbain dans lequel il est exercé se développe d'autant plus facilement que ceux qui le pratiquent sont encouragés par l'exemple et par l'approbation soit d'un groupe d'ancêtres, soit d'un groupe de camarades d'où la dualité du crime par imitation-coutume et du crime par imitation-mode[7]».

De l'«inter-psychologie», ancêtre de la psychologie sociale, la voie était tracée pour un autre célèbre auteur: Sutherland. L'une des étapes qui le menèrent à formuler sa théorie des associations différentielles fut une histoire de vie élaborée dans la tradition de l'Ecole de Chicago avec laquelle il était en communication étroite. Traduite en français par G. Serve sous le titre *Le voleur professionnel, d'après le récit d'un voleur de profession*[8], elle comporte un récit et une synthèse.

Le récit est celui d'un professionnel du vol, qui a exercé le métier pendant plus de vingt ans. Chic Conwell a écrit les deux tiers du récit en répondant aux questions que lui posait Sutherland. Après quoi ils en ont discuté ensemble, à raison de sept heures par semaine durant trois mois. Immédiatement après chaque entretien, il a rédigé par écrit, aussi fidèlement que possible, ce qui avait été dit au cours de la conversation. Il a classé tous les documents, les a reliés les uns aux autres par un fil conducteur, en a éliminé les redites dans toute la mesure du possible. Il a essayé de conserver à cette étude les idées, les modes de pensée et le langage du voleur professionnel. Après avoir lu le manuscrit, l'intéressé a suggéré des modifications qui ont toujours été suivies.

Le document est un témoignage sur la profession de voleur, telle qu'elle est vécue par un voleur professionnel. Pour pallier les insuffisances d'une confession unique et la partialité d'expériences nécessairement limitées, le manuscrit avait été soumis à quatre autres voleurs professionnels et à deux anciens détectives. D'autre part, sans montrer le manuscrit, Sutherland avait discuté des mêmes problèmes avec différents voleurs professionnels, avec des membres de la police privée et de la police officielle ainsi qu'avec des employés de magasins. Il avait ainsi recueilli des témoignages oraux et s'était aussi référé aux commentaires écrits puisés dans la littérature valable consacrée aux voleurs de profession. Ces éléments ont été consignés en notes subpaginales dans la première partie du livre. «Dans l'ensemble, estime Sutherland, ces informations supplémentaires qui proviennent de sources diverses corroborent les idées fondamentales exposées dans le manuscrit. On n'y trouve que des contradictions de détail, ou des renseignements qui complètent notre propos»[9].

Dans la deuxième partie du livre, Sutherland propose la synthèse des observations de Chic Conwell, en relevant les caractéristiques essentielles de la profession de voleur : l'habileté technique, le comportement, l'esprit d'équipe, le mode de vie et l'organisation, toutes caractéristiques que l'on retrouve dans d'autres groupements permanents, mais avec d'autres implications.

1. Complexité des techniques

«Le voleur professionnel est doué d'une grande habileté, tout comme le docteur, l'avocat ou le maçon. Toutes les ressources de son ingéniosité sont orientées vers la préparation et l'exécution du crime, le recel des marchandises volées, le règlement du procès en cas d'arrestation et le contrôle de toutes les opérations au cours de l'action. La dextérité manuelle et la force physique sont des facteurs secondaires; les éléments principaux sont l'intelligence, l'esprit d'entreprise et des dons de beau parleur. Les voleurs qui ne possèdent pas ces qualités essentielles sont considérés comme des amateurs, même s'ils volent d'une façon habituelle. De même les cambrioleurs par effraction ou non, spécialisés dans les grands rackets ne sont pas considérés comme des professionnels lorsque leur travail est basé sur la dextérité manuelle ou la force exclusivement»[10].

2. Corporation des voleurs

«Le voleur professionnel, comme tout homme appartenant à une profession, a un statut qui définit l'homme d'après son habileté technique, son standing financier, ses relations, son comportement, ses connaissances acquises au cours de sa vie pérégrine. Son rang social est déterminé par l'attitude des autres criminels à son égard, des policiers, du tribunal et des journaux. Le terme «voleur» est considéré comme honorifique, et sans adjectif il se réfère au voleur professionnel».[11]

3. Esprit d'équipe chez les voleurs

«La profession de voleur suppose un ensemble de sentiments partagés et d'expériences communes. Les pickpockets ont des réactions similaires devant les futures victimes et devant les circonstances particulières dans lesquelles ils les trouvent. Cette similitude de réactions est due au fond d'expériences communes et aux gestes accomplis dans les mêmes situations; réactions que l'on peut assimiler au diagnostic clinique d'un médecin devant son malade ou à l'examen rapide que fait l'avocat d'un cas spécifique. En vertu de ces attitudes et réactions similaires les voleurs peuvent travailler ensemble sans dommage ni heurt.

Cet esprit de corps se prolonge dans toutes les activités et même dans la vie des voleurs; il se manifeste au maximum dans la lutte contre l'ennemi commun, la loi. De cet esprit d'équipe découle un ensemble de règles, d'habitudes d'entraide et de solidarité, communes à toute la pègre»[12].

4. La profession de voleur opposée aux autres groupes

«Le voleur professionnel fait partie du monde de la pègre; il est en quelque sorte séparé du reste de la société. Il réside le plus souvent dans les bas-fonds ou dans les quartiers des distractions faciles. Même lorsqu'il habite un hôtel du centre ou une maison de banlieue, il doit garder une certaine réserve envers ses voisins, rester davantage à l'écart que s'il n'avait rien à cacher de ses occupations».

«Il fait néanmoins partie de l'ordre social en général. Ce serait une erreur de penser que les voleurs professionnels vivent complètement séparés du reste de la société; ils ont des contacts avec elle, ne serait-ce que pour la dépouiller».

«Il a (...) des amis personnels de toute moralité et respectueux des lois, qui savent qu'il est un voleur. Leur amitié et les services qu'ils se rendent réciproquement ne sont en rien entachés de malhonnêteté».

«Enfin, il reçoit l'aide de personnes ou d'organismes qui sont considérés comme légaux, protecteurs officiels de la société légale; il trouve chez ces gens ou ces organismes un banditisme qui ressemble fort au sien».

Et Sutherland ajoute en note:

«J'ai emprunté ce terme de «*predation control*» à mon collègue, le Dr. A.B. Hollingshead. Il définit bien le vendeur cité plus haut, le voleur, de nombreux politiciens et bien d'autres encore».[13]

5. Organisation de la profession de voleur

«Le vol organisé c'est le crime organisé; non dans le sens où l'entendent les journaux, car il n'y a ni dictateur ni direction centrale qui supervise le travail de ses membres. C'est plutôt un système basé à la fois sur une hiérarchie et sur l'esprit de solidarité».

«Pour être voleur professionnel il faut être reconnu et reçu par les autres voleurs professionnels. Le vol est une vie de groupe, dans laquelle on ne peut entrer et rester que par le consentement du groupe. Pour être adopté de façon définitive, la formule absolue, nécessaire et universelle est d'être reconnu par ses pairs d'une part et d'autre part, d'avoir accepté l'ensemble des statuts de la profession et les lois du groupe.

» Les étapes indispensables pour accéder à cette promotion sont le choix et le parrainage, facteurs essentiels dans la genèse de la profession de voleur, mais il y a peu d'élus sur le nombre des appelés».

«Un voleur peut cesser d'exercer son art, ce qui arrive généralement quand il a violé les règles de la profession, ou bien que l'âge, la peur, la drogue ou l'alcool l'ont rendu inapte. A cause de l'une ou l'autre de ces disgrâces, il ne trouvera bientôt plus de compagnons de travail, n'aura plus la confiance du conseiller ni des policiers, et sera incapable de faire lever les condamnations. Il ne sera plus reconnu comme voleur professionnel; donc en fait il ne le sera plus. Par contre, s'il interrompt de lui-même ses activités et conserve toutes ses capacités il sera toujours considéré comme un professionnel, de même qu'un médecin garderait son titre même s'il n'exerçait plus».

«La profession de voleur a pour but essentiel de se procurer de l'argent avec le maximum de sécurité possible. Par ce côté on peut l'assimiler aux autres professions et aux autres groupes permanents. Argent et sécurité sont les valeurs inhérentes à la civilisation occidentale et les méthodes employées pour les obtenir sont adaptées à la culture générale »[14].

Et Sutherland de faire à cet égard une incursion dans l'histoire, en voyant dans la désintégration du système féodal la raison de la naissance de la profession de voleur et dans la collusion entre autorités et bandits l'élément de désorganisation sociale qui favorise le banditisme et marque la décadence de la société.

En outre, toujours insatisfait de son travail même le plus minutieux, Sutherland conclut que «l'étude du voleur professionnel soulève plus de problèmes qu'elle n'en résout», et montre l'énorme champ qui doit encore être labouré pour espérer pouvoir dégager «des conclusions positives plus complètes»[15].

Ce texte est relativement ancien. Le développement de certaines techniques, comme celle du *hold-up*, ne remet cependant pas en cause les hypothèses fondamentales qui y sont développées : selon certaines études récentes, le *hold-up* serait d'ailleurs une activité avant tout épisodique[16], derrière laquelle se profilent les vrais professionnels, dont la vie est axée sur les profits criminels souvent diversifiés à la façon de fonds communs de placement.

L'image du professionnel de coulisse? Reproduisons cet entrefilet d'un numéro du *Monde* de 1985 :

«Rome. L'homme d'affaires Francesco Pazienza, personnage que l'on retrouve dans les principaux scandales qui ont secoué l'Italie au cours de ces dernières années, a été arrêté lundi 4 mars à New York par la police américaine. Il pourrait être extradé en Italie, comme ce fut le cas il y a quelques mois pour le banquier Sindona, lié entre autres à la Mafia.

» Pazienza — aventurier, espion, éminence grise, intermédiaire? — est mêlé à toutes les affaires obscures. Les quatre mandats d'arrêt lancés par Rome sont révélateurs : faillite frauduleuse, participation à association criminelle à caractère mafieux, extorsion et détention d'armes et de drogue. (...).

» Quarante ans, portant beau, Pazienza est né à Tarente, mais il a surtout évolué dans les milieux romains et milanais, jouissant d'autre part d'appuis, en particulier en Amérique et en Suisse. Ce fut l'un des manœuvriers de la Loge P 2 avec Umberto Ortolani et Gelli. On le disait lié au général Haig, ancien secrétaire d'Etat américain, et il accompagna, il y a quelques années, M. Piccoli, président de la démocratie chrétienne, dans son voyage aux Etats-Unis. Il était aussi proche de Roberto Calvi (et il est d'ailleurs recherché pour l'affaire de la faillite du Banco Ambrosiano) et directement lié au Vatican par Mgr Marcinkus, mais aussi aux services secrets (en particulier au général Santovito, membre de la P 2 et ancien chef des renseignements militaires) dont il obtint plusieurs centaines de millions de lires en échange d'«*informations*». Il a également fréquenté des criminels de droit commun comme Cutolo, le chef de la nouvelle Camorra napolitaine. Depuis quelques années, Pazienza avait établi ses activités à New York»[17].

Classique de la criminologie, le *Voleur professionnel* de Sutherland reste suffisamment vivant pour servir de modèle à d'autres recherches. Son fils le plus ressemblant est le *Receleur professionnel* de Klockars. Celui que Carl B. Klockars a choisi d'appeler Vincent Swaggi et dont il a fait le personnage central de son ouvrage *The Professional Fence*[18] était l'un des receleurs les mieux connus de la ville où il exerçait son activité. Durant plus de vingt ans, il avait réussi à faire commerce de choses volées. Avec une minutie comparable à celle avec laquelle Sutherland avait reconstitué la carrière de Chic Conwell, Klockars s'est consacré à approcher, à confesser, à analyser le cas de Vincent Swaggi.

3. La carrière de Vincent Swaggi

C'est dans un dernier chapitre, que l'on risquerait de négliger, que Carl B. Klockars donne la «biographie» de son projet de recherche. A vrai dire, dès l'avant-propos, Marvin E. Wolfgang, qui avait dirigé son travail, avait présenté ce livre comme un livre inhabituel qui a une histoire inhabituelle et avait rappelé les consignes de prudence qu'il avait données au jeune doctorant lorsqu'il avait appris le sujet délicat dans lequel il entendait se lancer. L'enthousiasme l'emporta, et la recherche se fit, avec succès. Mais non sans énormément de peine.

Son projet était en effet de dépasser l'œuvre de Jérome Hall, *Theft, Law and Society* (1952), qui traitait notamment du receleur, mais au travers d'interviews de fonctionnaires, de détectives privés, de représentants d'assurances et d'autres « personnes expérimentées », en obtenant de l'information de criminels qui ont réussi, en les observant et les interrogeant dans leur milieu naturel. Il s'agissait donc de trouver la trace d'un receleur de profession, et de parvenir à le persuader de participer au projet.

Dans son chapitre de méthodologie, Klockars évoque les longs mois qu'il a consacrés à toutes sortes d'entretiens préliminaires avec la police, destinés à la fois à le familiariser avec le secteur de recherche et à l'orienter vers un cas que l'on pourrait analyser en profondeur. Il eut finalement la référence d'un receleur qui avait aussi été un indicateur de police. Il obtint une entrevue, et tenta de jouer sur le goût de l'immortalité, en montrant l'ouvrage de Sutherland, *Le voleur professionnel*, comme l'image de ce qu'il voulait réaliser avec lui. L'affaire se présentait bien, mais « Knuckles » (« L'articulation » : c'était son surnom) tomba malade et mourut, avant que le travail ne fût commencé.

De multiples consultations d'archives ne lui apportèrent que de maigres renseignements, et il se tourna vers l'interview de voleurs emprisonnés. Une figure de receleur émergea particulièrement des entretiens, et l'un des interviewés, « Eyeball » (« Globe oculaire ») suggéra qu'il lui écrive. Ce qu'il fit. La lettre est reproduite dans le livre. Elle adopte un style franc mais enjôleur : « Il y a sûrement un art du recel, et très peu de grands artistes y excellent »; « j'aimerais écrire un livre sur le receleur, en tant que 'criminel sans victimes', en tant qu'homme que les voleurs, le voisinage, et les consommateurs, sont heureux de trouver, mais qui ne fait pas de victimes ». A la lettre était jointe l'inévitable exemplaire du *Professionnal Thief*. En note dans l'ouvrage, Klockars dit *a posteriori* toutes les faiblesses de sa lettre, et tous les risques que ces faiblesses ne fissent échouer toute l'opération.

En fait, lorsqu'il téléphona, un premier rendez-vous fut pris, au magasin de l'intéressé. Et une longue collaboration s'instaura. De semaine en semaine, la vie de Vincent Swaggi s'égréna dans les interviews. Chaque semaine, Klockars lui apportait les pages manuscrites de l'interview précédente, qu'il lui faisait lire à haute voix, et l'on passait à la suite. Le livre s'élabora ainsi, petit à petit, au long des mois. Klockars veilla de différentes manières à la fidélité et à la validité interne du témoignage de Vincent. Il s'assura aussi de l'anonymat, mais sur le plan de la confidentialité il fut dépassé par le personnage, qui raconta à tout agent du FBI, détective, juge, reporter, ou client qui voulait l'entendre, qu'il travaillait avec un professeur d'Université, et il était prêt à faire dès la sortie du livre, dans son magasin, des séances de dédicaces.

Le chapitre 6, consacré à l'*Apologia pro Vita Sua* de Vincent, est sans doute l'un des plus intéressants, en ce qu'il dévoile les principaux mécanismes d'autolégitimation d'un receleur de profession. En somme, il ne fait rien de mal, et il est un chic type. Il ne fait rien de mal, d'abord parce qu'il n'a aucune responsabilité. Il est un homme d'affaires. De sa vie, il n'a jamais rien volé. Il y a une distinction importante entre voler et receler. De toute façon, les biens seraient recelés même sans lui. Il ne provoque pas au vol. Par ailleurs, il ne fait pas de mal, puisqu'il ne fait pas de victimes. Vincent Swaggi se sent aussi un chic type. Il invoque d'abord la métaphore du grand registre : bien sûr qu'il a fait certaines choses qu'il n'aurait pas dû faire, mais qui n'a rien à se reprocher ? Et si on fait la balance du bien et du mal qu'il a fait, l'actif sera à son avantage. En fait, il est un père pour ses voleurs. Il est une providence pour les consommateurs. Et parfois, il est une bénédiction pour la police.

La recherche de Klockars est le type d'occasion de confronter les données pénales et les données criminologiques[19]. Le droit pénal a surtout en vue un acte qui requiert deux éléments : la possession ou la détention de choses obtenues par un crime ou un délit, et la connaissnce préalable ou concomitante de l'origine illégale de la chose[20]. La criminologie va avoir en vue un circuit d'économie souterraine qui permet l'écoulement de différents butins, et des spécialistes qui font profession d'acheter et de revendre le produit de vols. Klockars évitera d'ailleurs de parler de la notion classique de *receiving stolen property* (accepter des biens volés) pour préférer une notion traditionnelle empruntée au langage des policiers et des voleurs : celle de *fencing* (garder qui commence d'ailleurs à apparaître dans certains codes, comme celui de Floride, sous la forme de *dealing in stolen property* (négocier des biens volés)[21].

Jérome Hall, à partir de la notion juridique classique, avait distingué les *professional receivers*, d'une part des *lay receivers*, les «profanes» qui achètent sciemment des biens volés pour leur propre consommation, et d'autre part des *occasional receivers*, qui achètent des biens volés pour les revendre mais de façon peu fréquente. La distinction se rapprocherait de la distinction entre le trafiquant de drogue professionnel et le «trafiquant-fourmi» qui revend de la drogue uniquement pour obtenir ses propres doses. Klockars, pour sa part, va polariser son attention sur le *professional fence*, en réservant cette expression à un négociant qui a réussi, qui achète et vend des biens volés de façon régulière et profitable durant une longue période de temps, et qui devient un personnage public, en ce sens que son activité continue et réussie de recyclage acquiert au distributeur (*dealer*) la réputation et le statut d'un receleur professionel auprès des délinquants, des policiers, et des autres personnes en contact avec la communauté délinquante.

Klockars montre comment s'échafaude une carrière de receleur, et donc comment se construisent les trois éléments de sa définition. Il s'agit d'abord de devenir un négociant en choses volées, et donc d'organiser l'achat et la vente. Il faut s'assurer une clientèle régulière de candidats à la vente, et il faut assurer un marché de revente qui justifie que le voleur fasse appel à lui. Le voleur aura surtout besoin d'un receleur pour écouler des biens volés en grande quantité, ou de nature très particulière (non pas des cigarettes, mais un ordinateur, un manuscrit rare, ou une fraiseuse de dentiste), ou lorsqu'il a besoin d'argent rapidement et ne veut pas assumer les risques et les ennuis de chercher acheteur. Le plus simple, généralement, pour le receleur, est d'avoir une deuxième profession, légitime, en rapport avec la première : antiquaire pour les objets d'art, vendeur de tabac-cigares pour les cigarettes, distributeur de matériel pour dentistes pour la fraiseuse.

Encore faudra-t-il calculer les prix pour que l'affaire reste intéressante tant pour le voleur que pour l'acheteur et pour lui-même, en comparaison avec le marché légitime. Pour le surplus, il suffira de se préparer des contredits aux différents éléments constitutifs de l'incrimination de recel. C'est ici que la criminologie peut apparaître immorale, lorsqu'elle devient un traité de l'argumentation criminelle : les biens ne seront pas volés, puisqu'on ne peut les identifier au sein d'un vaste stock de biens obtenus en toute légitimité; la possession sera difficile à prouver, soit en raison de la rapidité de la transaction, soit parce que le bien est déposé provisoirement en territoire neutre («*dropped*»), soit parce que le receleur laisse les risques de la possession au voleur, jusqu'à ce que l'acheteur soit trouvé; enfin, la preuve de la raison de supposer qu'il s'agissait de produits d'une infraction se heurte aussi à une série d'arguments standardisés.

Le «statut» du receleur apparaissait déjà clairement dans l'exemple de Jonathan Wild. Il comporte des risques. Certains utiliseront la corruption pour maintenir la tolérance des autorités. D'autres accepteront le rôle d'informateurs, ce qui leur permettra d'exercer une certaine police dans le marché, en éliminant des têtes brûlées qui sabotent la compétition ou trafiquent des choses trop dangereuses à traiter, ou en permettant de récupérer des choses que la police tient particulièrement à retrouver.

4. De récents émules

Dans la ligne de ces «grands» devanciers, une affaire méritera sans doute de l'histoire une attention toute particulière. Elle a d'ailleurs déjà fait grand bruit en France et déclenché les foudres d'une commission d'enquête, qui demande une répression plus sévère du recel[22].

Sous réserve de compléments d'information et d'analyse, l'affaire du «grand fourgue», Maurice Joffo, paraît intéressante à différents égards. Son frère l'écrivain (l'auteur de *Un sac de billes*, Joseph Joffo) aurait dit que, depuis leur enfance traquée, son frère aurait eu «un besoin pathologique d'entasser toujours plus». Il aura assuré le recel de biens de «casseurs» et aussi d'agresseurs à main armée, tout en étant propriétaire de salons de coiffure et de restaurants de prestige, trichant avec ses fournisseurs (balances truquées, paiement avec des lingots d'or impurs et faussement immatriculés par lui, plutôt qu'en liquide, accumulant pour lui les pièces les plus rares), achetant régulièrement à des nomades au camp d'Argenteuil[23].

L'affaire semble dépasser la description individuelle en termes pathologiques pour révéler toute une économie parallèle où se nouent de surprenantes interactions entre la haute société et la haute pègre. Certains détails sont plus habituels: lors de la vaste exposition organisée en février et mars 1985 au quai des Orfèvres pour les victimes des cambriolages, certaines pièces extraordinaires n'ont pas été réclamées par leur propriétaire, pour des raisons fiscales. Par ailleurs, le héros de cette affaire aurait eu coutume de mettre lui-même du vin de table dans les bouteilles de grand cru qu'il servait à ses clients dans son grand restaurant. Le souci du détail...

Sous peine de verser dans le roman, il ne faut cependant pas imaginer ce genre de héros du recel comme le personnage courant de la catégorie. La plupart des situations sont beaucoup moins claires, et c'est dans la grisaille de la banalité que les tribunaux doivent souvent, à défaut de condamnation, limiter le profit du «recycleur» de biens volés.

L'exemple suivant d'un jugement récent du tribunal correctionnel de Liège illustre bien le recel au quotidien:

«Le tribunal a condamné à un total de dix-huit mois de prison et 6.000 f G., vingt-trois ans, de Liège, comparaissant détenu. Outre des vols divers et des faits de drogue, on lui reproche principalement un cambriolage au préjudice d'un artisan bijoutier, lors d'une exposition à Liège (butin: 434.550 f). Il fut appréhendé dans une bijouterie du centre de Liège, six jours plus tard, alors qu'il tentait de vendre un de ces bijoux.

»Mais de nombreux bijoux furent revendus à une société de vente et d'achat d'or. Celle-ci, qui dut rembourser au préjudicié la valeur des bijoux — car elle s'était empressée de les refondre — s'est constituée partie civile et a réclamé le montant du préjudice qu'elle a dû rembourser.

»Mais le tribunal correctionnel a déclaré la constitution de partie civile non recevable. Dans ses attendus, il regrette qu'il n'y ait point de loi réglant l'accès à cette profession d'achat et de vente de métaux. En effet, ces marchands, en achetant des bijoux de toutes sortes de vendeurs et en s'empressant de les refondre pour éviter toutes possibilités d'identification ultérieure, et ce à des prix usuraires, permettent les vols de bijoux. Le tribunal considère que même si la partie civile n'est pas mise en cause du chef de recel, il y a lieu de faire application de l'adage : 'Nul ne peut invoquer sa propre turpitude'»[24].

NOTES

[1] Fielding, H., *Romans...*, traduits et annotés par Ledoux, F., Bibl. de la Pléiade, Paris, Gallimard, 1964, pp. 550-551.
[2] Defoe, D., *Vie et aventures de Robinson Crusoë*, etc., introd., trad. et notes de Ledoux, F., Bibl. de la Pléiade, Paris, Gallimard, 1959, p. 1212.
[3] Defoe, D., *op. cit*, p. 1204.
[4] Fielding, H., *op. cit.*, p. 365.
[5] Tarde, G., *La philosophie pénale*, p. 253, cité par Constant, J., A propos de l'école franco-belge du milieu social au XIXe siècle, *Annales de la Faculté de droit de Liège*, 1959, p. 53.
[6] Tarde, G., *La criminalité comparée*, 8e éd., p. 38, cité par Constant, *ibid.*
[7] Constant, *op. cit*, pp. 53-54.
[8] Sutherland, E.H., *The Professional Thief*, Chicago, University of Chicago Press, 1937, traduit par Serve, G., *Le voleur professionnel*, Paris, Spes, 1963.
[9] Sutherland, *op. cit.*, en trad. française, p. 8.
[10] *Ibid.*, pp. 141-142.
[11] *Ibid.*, p. 143.
[12] *Ibid.*, p. 145.
[13] *Ibid.*, pp. 147-149, *passim.*
[14] *Ibid.*, pp. 149-153, *passim.*
[15] *Ibid.*, pp. 161-162, *passim.*
[16] Normandeau, A. et Lanciault, R., La carrière du voleur, *Revue canadienne de criminologie*, 25/1 (1983), pp. 33-46; Normandeau, A., *et al.*, Vol à main armée à Montréal, *Criminologie* (Montréal), XVIII/2 (1985).
[17] Pons, Ph., Italie: L'homme le plus recherché du pays arrêté aux Etats-Unis, *Le Monde* du 6 mars 1985, p. 6.
[18] Klockars, B., *The Professional Fence*, London, Tavistock, 1974.
[19] Klockars, B., v^o «Fencing and Receiving Stolen Goods, I, The Professional Fence», in : Kadish, S.H., éd., *Encyclopedia of Crime and Justice*, vol. 2, New York, Free Press, 1983, pp. 785-789.

[20] Voy. De Nauw, A., *Inleiding tot het bijzonder Strafrecht*, Gand, Story-Scientia, 1984, pp. 146-148.
[21] Voy. Klotter, C., *Criminal Law*, Anderson, 1983, p. 171.
[22] Plenel, E., Répression plus sévère du recel, *Le Monde*, 16 mars 1985, pp. 1 et 11; Vial, Ch., La «caisse de retraite» du voleur, *ibid*, p. 11.
[23] Derogy, J. et Pontaut, J., Le grand fourgue, *L'express*, 22 mars 1985, pp. 36-38.
[24] *Le Soir* du 14 juin 1985, p. 5.

Chapitre 8
Abus de confiance

1. Pénaliser pour donner confiance ?

On sait que, dans une conception traditionnelle du droit pénal, la sanction pénale de l'inexécution des contrats doit demeurer l'exception. L'action pénale constitue une arme de guerre qui ne doit pas, en principe, pouvoir être utilisée pour la défense d'intérêts privés[1].

C'est la raison pour laquelle, en France par exemple, la notion juridique de l'abus de confiance a été limitée au détournement d'un objet qui a été remis en vertu de l'un des contrats limitativement spécifiés : louage, mandat, nantissement, prêt à l'usage, travail déterminé[2].

Au contraire, dans d'autres législations, telles que le droit belge, il suffit qu'un objet ait été confié à une personne à condition de le rendre ou d'en faire un usage ou un emploi déterminé pour que, si elle agit autrement, quel que soit le contrat qui la lie, elle se rende coupable de détournement[3].

Le délit d'abus de confiance permet des réflexions juridiques subtiles car l'essentiel en est l'esprit dans lequel on possède l'objet. « Le délit ne commence pas seulement au moment où la dissipation ou le détournement sont consommés. Il débute à l'instant, qui peut être antérieur, où le détenteur se met à posséder pour lui-même au lieu de continuer à le faire pour autrui»[4].

2. Une criminologie de l'abus de confiance

La littérature criminologique en matière d'abus de confiance est peu fournie.

Il existe des études de cas non sous-tendues par une théorie.

Au cours des dernières années, par exemple, le développement incessant de la *vente à tempérament* a donné aux dispositions pénales régissant l'abus de confiance un important regain de vitalité. En cette matière, le contrat contient toujours une clause aux termes de laquelle l'acheteur ne deviendra propriétaire de la chose acquise qu'après paiement de la totalité du prix. Dès lors, si l'acheteur aliène l'objet acheté, avant l'acquittement de toutes les mensualités prévues, il commet un abus de confiance. En Belgique, d'ailleurs, pour attirer l'attention de l'acheteur sur les sanctions pénales auxquelles il s'expose en pareil cas, la loi du 9 juillet 1957 réglementant les ventes à tempérament et leur financement prévoit que «lorsque le contrat contient une clause de réserve de propriété au profit du vendeur, il doit reproduire intégralement le texte de l'article 491 du Code pénal, sans quoi la clause est réputée non écrite»[5].

D'une recherche menée en Belgique sur les dossiers pénaux ouverts par le Procureur du Roi de Liège durant cinq années (1958-1962), à l'occasion de ventes à tempérament, et clos par une condamnation définitive, nous avions retenu également que les ventes à tempérament assorties d'une clause de réserve de propriété placent l'acheteur dans une «situation de détournement» en mettant à sa disposition un moyen facile de se procurer de l'argent ou quelque bien convoité.

Trois hypothèses principales peuvent se présenter:

1. Une personne, qui a acheté à tempérament un objet avec l'intention de le conserver et de l'utiliser, se trouve à un certain moment dans une situation financière difficile ou devant une

tentation qui amoindrit sa résistance à revendre l'objet avant qu'il ne soit complètement payé.

2. Sur l'insistance d'un représentant, une personne achète un objet dont elle n'a pas l'usage ou qu'elle n'est pas en mesure de payer. La vente est malsaine dans le chef du vendeur qui se crée sciemment, dès l'instant de la vente, une situation de victime.

3. L'objet n'est acquis à tempérament que dans l'intention d'en faire un usage qui constitue un détournement. La vente est alors malsaine dans le chef de l'acheteur, qui se procure l'objet pour l'offrir, ou pour le revendre à son profit.

Un exemple typique de la deuxième hypothèse: un vendeur d'une société que nous appellerons «W» se présente au home des sans-logis où loge un sieur C. Il lui vend une montre d'homme et une bague de dame. C. ne verse aucun acompte sur les objets et lors de la signature du contrat il ne travaillait pas et était sans ressources. Il percevait un secours de 200 francs belges par semaine de l'Assistance publique. Il avait signalé cette situation au représentant, et ce n'est que sur l'insistance de celui-ci qu'il avait acheté les objets. Il n'a jamais versé aucune mensualité à valoir sur le prix de son achat, en sorte qu'une retenue de 280 francs belges a été pratiquée sur son salaire alors qu'il était occupé au service d'un entrepreneur. La bague, son épouse l'a perdue alors qu'ils se trouvaient dans une ferme. La montre, il était à la prison de Bruges lorsqu'elle se brisa à la suite d'une chute. Il ne l'a pas fait réparer et l'a jetée dans les poubelles de la prison.

D'un examen plus approfondi de la position de la société «W», société locale qui s'occupe à la fois de financements et de vente de bijoux et de montres, dans la statistique des victimes de détournements, il était apparu qu'à elle seule, cette société, de taille moyenne, avait été victime de 16,75 pour 100 du total des détournements, suivis de condamnation, effectués au préjudice de 25 maisons de financement et de 32 maisons de commerce qui n'avaient pas fait appel à un financement.

Comment s'expliquaient ces situations de victimes où la société «W» paraissait se complaire? Par le fait que cette firme faisait appel à des personnes qui désiraient faire de la représentation, à titre d'appoint, «après journée». Elle exerçait un si faible contrôle sur leur recrutement, que certains de ces démarcheurs avaient utilisé des méthodes de vente manifestement malhonnêtes, allant jusqu'à profiter de l'état d'ébriété qu'ils entretenaient ou suscitaient chez leurs clients choisis dans les cafés, pour leur faire signer n'importe quoi. Il ne fallait évidemment pas attendre longtemps pour que les objets, acquis dans de telles conditions, fussent détournés [6].

Commentant une étude menée en France par le Centre d'études sociologiques, Henri Lévy-Bruhl constatait «que l'abus de confiance est un délit beaucoup plus masculin que féminin, que l'âge le plus favorable pour le commettre est de 20 à 40 ans, qu'il est commis plutôt par des hommes mariés que par des célibataires (c'est le contraire pour les femmes)», qu'il est beaucoup plus répandu dans les villes que dans les campagnes, et que «comme il était à prévoir, les professions les plus propices à ce délit sont celles où le coupable agit pour le compte de sa victime (représentants, courtiers, comptables, caissiers, etc.)» [7].

Pinatel a observé que l'abus de confiance, de même que de nombreux crimes contre les biens, procèdent de «*situations de détournement*», où l'occasion de commettre un délit est constituée par le fait que le sujet dispose de biens appartenant à autrui ou qui lui ont été remis en dépôt à titre de mandat (caissiers indélicats, fonctionnaires malhonnêtes, avocats véreux, notaires infidèles). Mais, ajoute Pinatel, «si les situations de détournement fournissent l'occasion, ce sont en général des situations vitales très embrouillées ou difficiles qui stimulent l'action criminelle. Elles sont provoquées soit par des circonstances extérieures : famille trop nombreuse, accident de travail, maladie (en un mot, faits ou événements entraînant des dépenses considérables auxquelles il ne peut être fait face avec un salaire insuffisant), soit par des traits individuels (amour du jeu, vanité et snobisme excessifs, incapacité, ignorance des règles de la comptabilité, surmenage)» [8].

3. «L'argent des autres»

Lottier a érigé en théorie la «tension» qui précède le passage à l'acte d'abus de confiance («*embezzlement*») lorsqu'il est ressenti par son auteur comme un acte isolé[9]. L'abus de confiance est vraiment le type de l'infraction que peut commettre «n'importe qui».

Mais c'est Cressey qui a été le plus loin dans le souci de modélisation: au terme d'une étude sur l'abus de confiance aux Etats-Unis, Donald R. Cressey, le principal disciple de Sutherland, constatait qu'il s'agissait d'une infraction très particulière, qui ne supposait aucun «apprentissage» criminel, contrairement à la plupart des autres infractions qui s'apprendraient par le jeu d'«associations différentielles» avec des modèles favorables à ces infractions[10].

Ce résultat est d'autant plus intéressant que, comme Cressey l'indique dans sa préface, l'ouvrage a bénéficié non seulement de l'apport critique de Sutherland, mais en outre de tout le dossier de documents inédits accumulés par Sutherland au sujet du détournement.

C'est dire que, comme Cressey le dira dès le début de l'introduction, consacrée à «l'explication, la généralisation et la définition en sociologie criminelle», l'étude se situe bien dans la ligne de l'«Ecole américaine» de criminologie, née comme un rameau de la sociologie, du souci d'identifier la cause ou les causes du crime. Elle se relie aussi à tout le courant de recherches consacrées par des sociologues et des psychologues sociaux, à l'apprentissage, à tout le moins dans la mesure où cet effort théorique peut s'appliquer au champ criminel.

Les théories sociologiques de la causalité du crime adoptent tantôt le point de vue de la personne, tantôt celui du groupe. Le premier aspect touche l'apprentissage, le comportement de la personne et le processus qu'elle suit pour devenir criminelle. Les théories qui portent sur le groupe social utilisent les statistiques sociales et rendent compte des variations des taux de criminalité. Parmi ces deux types de recherches, qui nécessairement se chevauchent, l'étude de Cressey est d'abord une étude de comportement différentiel: le problème central est de déterminer si une séquence bien définie ou une conjoncture d'événements est toujours présente lorsque survient une violation criminelle de la confiance, et jamais lorsqu'une telle violation est absente, et le problème corrélatif est d'expliquer génétiquement, par une évolution, la présence ou l'absence de ces événements. Le problème principal sera situationnel ou «systématique», le deuxième sera historique ou «génétique», se référant aux expériences de vie de la personne. Cressey reprenait la distinction que Kurt Lewin opérait entre les concepts scientifiques de causalité, les uns attribuant des effets présents à des causes passées (on les appellera génétiques), les autres concernés seulement par les relations au moment présent (causalité systématique). Mais l'un n'est pas exclusif de l'autre, et l'acte peut être considéré comme le *résultat final* de déterminations génétiques ou historiques.

Mais ce qui est fondamental dans la démarche de Cressey est que le scientifique doit chercher à formuler des généralisations qui incluent tous les cas du phénomène qu'il étudie, et que la forme parfaite de la connaissance scientifique est celle de généralisations universelles qui font ressortir les exceptions, permettant ainsi de perfectionner ou de raffiner les généralisations. Ce n'est pas vrai que «l'exception prouve la règle»: le cas négatif «falsifie» — au sens de Popper — c'est-à-dire réfute [11] la généralisation et force à la rejeter ou à la réviser. Le plus souvent, on se contente pour formuler des «explications» en sociologie criminelle, de constatations de fréquences dans l'espace et dans le temps, et de degrés d'association entre les phénomènes et d'autres conditions. Si des pistes sont ainsi fournies vers des relations causales, il reste axiomatique qu'une corrélation statistique n'est pas indicative d'une relation causale. Il faut, pour atteindre à la généralisation, suivre des voies tracées par John Stuart Mill (la méthode de la différence qu'il a développée dans *A System of Logic*, 1875), par F. Znaniecki (la méthode d'«induction analytique» développée dans *The Method of Sociology*, 1934), et par A.R. Lindesmith (le «principe d'enquête limitée» appliqué dans *Opiate Addiction*, 1947). Il faut refuser la moyenne comme démonstration, et traquer jusqu'à la dernière exception, pour faire émerger la règle.

Qu'on adhère ou non à cette position épistémologique, la première démarche, dans la recherche du général, est de construire rigoureusement son objet, de définir avec précision ce que l'on observe, même s'il faut pour cela procéder par rabotages et retouches successives. La démarche du criminologue sera donc de ne pas se référer par exemple à la définition fluctuante de l'interdit que trace le droit pénal, mais de dessiner avec précision l'objet susceptible d'étude sociologique. Par ailleurs, le groupe d'étude devra être homogène, pour éviter tous les éléments parasites dans une généralisation causale. L'homogénéité dépendra de la recherche elle-même, et des critères comme l'âge ou le sexe ne devront pas nécessairement être uniformes. Une fausse uniformité ne peut pas être induite par le chercheur.

Au départ de ces prémisses, Cressey élabore une méthodologie soignée, qui suit un certain nombre de phases de procédure. Première phase : définition grossière du phénomène à étudier. Ensuite : formulation d'une hypothèse d'explication de ce phénomène. En troisième lieu, étude d'un cas à la lumière de l'hypothèse avec le souci de déterminer si cette hypothèse s'ajuste aux faits rencontrés dans ce cas. Quatrièmement, si l'hypothèse ne convient pas, ou bien reformuler l'hypothèse, ou bien redéfinir le phénomène à expliquer de façon à exclure le cas. La définition doit être plus précise que la première. Cinquièmement, une certitude pratique peut être atteinte après l'examen d'un petit nombre de cas, mais la découverte par le chercheur ou par quelque autre chercheur d'un seul cas discordant rejette l'explication et force à une nouvelle formulation. Sixièmement, cette procédure d'examen des cas, de redéfinition du phénomène et de reformulation de l'hypothèse est poursuivie jusqu'à ce qu'on arrive à établir une relation universelle, chaque cas négatif appelant une redéfinition ou une reformulation. Septièmement, pour les besoins de la preuve, on examine des cas en dehors de la zone circonscrite afin de déterminer si l'hypothèse finale s'applique ou non à eux. Ainsi seulement peut se vérifier une généralisation scientifique qui doit être toujours vraie lorsque le phénomène est présent et jamais lorsque le phénomène est absent.

Mais avant d'appliquer cette méthode d'étude de nombres limités de cas (*limited case study method*), Cressey remarque que l'usage de cette méthode n'exclut pas la possibilité d'inclure dans la généralisation un construit qui n'était pas dérivé des données. En d'autres termes, l'usage de cette méthode n'est pas en soi une garantie de validité, et la validité s'effondre si l'on fait appel non à l'observation du phénomène, mais à des sources extra-systématiques. Ainsi en est-il, aux yeux de Cressey, des théories affirmant que la violation de confiance criminelle serait le résultat d'une déficience cachée comme par exemple une faiblesse constitutionnelle ou morale. La position a été soutenue notamment par J. Edgar Hoover dans le *Journal of Criminal Law and Criminology* (1933). Ce genre de théories n'identifient pas la cause du comportement en question pour les raisons suivantes. D'abord, le comportement est expliqué au moyen d'un mécanisme qui ne peut pas être observé. Les généralisations basées sur de telles variables cachées sont invérifiables. En second lieu, de telles faiblesses ne différencient pas le comportement criminel du non-criminel. Même une théorie précise de ce genre ne nous dirait pas pourquoi certaines personnes affectées de ces faiblesses violent la confiance, alors que d'autres volent, se suicident, ou changent d'emploi. En troisième lieu, des concepts de déficiences cachées ne dérivent pas d'interviews avec des violateurs de confiance, ou d'autres méthodes pour les approcher, mais de notions préconçues par rapport à un système de motivations humaines. Attribuer la violation de confiance à une «volonté faible» est se référer à une variable occulte qui peut être spécifiée même sans avoir au préalable observé le comportement à expliquer. Si le construit explicatif était dérivé des faits, d'autres chercheurs devraient être en mesure de vérifier l'observation par des moyens empiriques.

L'ambition de Cressey a été de construire une théorie de l'abus de confiance qui puisse être mise en échec par d'autres investigateurs et, au besoin, révisée à la lumière de cette recherche. La formulation des hypothèses a été entièrement guidée par la recherche de cas négatifs.

4. Tromper la confiance financière

Il n'est pas possible de suivre pas à pas cette patiente recherche, mais on peut en retenir les étapes essentielles.

Le premier obstacle, nous l'avons dit, d'une recherche de criminologie spéciale est le problème de concept. Presque toutes les recherches publiées lorsque Cressey s'est lancé dans cette recherche portaient sur le détournement de fonds, *embezzlement*, et ce concept juridique était utilisé pour définir le champ d'étude comportemental. Il a suffi de passer en revue quelques cas pour se rendre compte que la catégorie juridique ne décrivait pas une classe homogène de comportement criminel. Des personnes dont le comportement n'était pas adéquatement décrit par la définition de l'*embezzlement* se sont trouvées emprisonnées de ce chef, et d'autres, dont le comportement répondait à la définition, ont été mises en prison sous d'autres préventions. Du point de vue juridique, l'usage du mot *embezzlement* pour désigner le comportement d'une personne finalement condamnée du chef d'escroquerie ou d'autre chose encore était évidemment erroné. Dès lors, généraliser à propos d'un genre d'«*embezzlement*» différent de la définition légale aurait eu peu de valeur scientifique, puisqu'un autre chercheur aurait été mis dans l'impossibilité de chercher des cas négatifs.

Pour éviter ces impasses juridiques et scientifiques, Cressey a abandonné le concept juridique d'«*embezzlement*» pour lui substituer deux critères d'inclusion dans le champ d'investigation. D'abord, la personne doit avoir accepté de bonne foi une position de confiance. Cela correspond à la définition légale selon laquelle l'intention criminelle doit se révéler *après* le moment de la prise de possession. Ensuite, la personne doit avoir violé cette confiance en commettant un crime. L'exigence d'un emploi de confiance restreindrait, si l'on se réfère à notre droit, le champ de l'interversion de la possession. Mais en revanche les deux critères s'appliqueraient cumulativement à une série d'infractions pour lesquelles des incriminations plus particulières sont prévues, selon qu'il s'agisse d'un curateur de faillite, d'un comptable de deniers publics, etc.

La principale source d'information directe sur ce que Cressey appelle dès lors *criminal violation of financial trust*, et que nous appellerons pour la suite de notre propos l'abus de confiance financière, fut un matériel d'interview obtenu de contacts informels avec 503 prisonniers incarcérés dans des prisons américaines et répondant aux deux critères retenus.

Une première interview brève permit de présenter les sujets

à l'investigateur, de leur garantir qu'il ne faisait pas partie du système pénal, de bien vérifier les critères et notamment celui d'une acceptation consciente d'une position de confiance sans bien entendu poser directement la question « Est-ce que vous aviez accepté votre position de confiance de bonne foi ? ».

La première hypothèse testée avait été bien naturellement inspirée des associations différentielles de Sutherland. Les situations de confiance financière auraient été violées quand leur titulaire aurait appris au cours de l'exercice de sa profession que certaines formes d'abus de confiance sont plutôt des violations techniques et ne sont pas vraiment « illégales » ou « mauvaises ». Dès les premières interviews, des cas négatifs apparurent, et une seconde hypothèse fut formulée.

L'hypothèse devenait que le passage à l'acte survient lorsque l'homme de confiance définit un besoin d'argent frais ou une extension de l'usage de propriétés comme une « urgence » qui ne peut pas être rencontrée par des moyens légaux, et réciproquement qu'il n'y a pas d'abus de confiance si cette urgence n'intervient pas. L'hypothèse fut utile, mais pas assez explicative. Il fallut la réviser, en remplaçant l'urgence par l'isolement psychologique. L'hypothèse devenait : des personnes violent la confiance qu'on leur a attribuée lorsqu'elles se perçoivent comme porteuses d'obligations non socialement sanctionnables et qui dès lors doivent être satisfaites par des moyens privés ou secrets. Mais là encore il apparut que ce n'était pas un seul événement porteur de dette qui créait la situation impossible, mais une série ou une conjoncture d'événements.

Par une sorte de procession d'Echternach, les *obligations* financières devinrent ainsi, dans l'hypothèse, des *problèmes* financiers non partageables, que leur source soit passée ou présente ou intriquée. Mais pour certains, une telle situation n'avait pas suffi pour les faire chavirer. Il avait fallu plus, et l'hypothèse finale fut la suivante : des personnes de confiance deviennent des violateurs de confiance lorsqu'elles se voient confrontées à un problème financier non partageable, qu'elles ont conscience que ce problème peut être résolu secrètement par leur position de confiance financière, et qu'elles sont aptes à appliquer à leur conduite dans une telle situation des verbalisations qui leur permettent d'ajuster leur conception d'eux-mêmes comme personnes de confiance avec leur vision de soi comme usagers des propriétés ou des fonds qui leur sont confiés.

Cette dernière hypothèse résista d'abord à tous les cas du pénitencier de l'Illinois à Joliet, à des cas rapportés dans la littérature, et à l'examen de quelque deux cents cas rassemblés par E.H. Sutherland dans les années 1930. Alors que pas mal de cas ne comportaient pas d'information contraire, ceux qui contenaient l'information adéquate étaient en concordance avec l'hypothèse. L'institution californienne de Chino ne réserva pas d'autre surprise, pas plus que le pénitencier fédéral de Terre Haute, et ainsi la recherche de cas négatifs put être poursuivie dans les cas d'*embezzlement* connus de la banque fédérale et de la poste. Dans tous les cas interviewés, le processus fut retrouvé, et dans tous les cas qui furent examinés pour répondre à la question: «Pourquoi est-ce que les gens n'ont pas abusé plus tôt de leur confiance?», on put constater qu'aux périodes antérieures un ou plusieurs des événements du processus n'étaient pas encore présents. Aucun des interviewés ne fut informé de l'hypothèse, et le fait que différents cas auraient pu la contredire mais ne l'ont pas fait, put être considéré comme la preuve de sa validité. Cependant, comme l'hypothèse avait dû déjà être révisée plusieurs fois, Cressey n'excluait pas le besoin encore d'une révision ultérieure, si des cas négatifs devaient être trouvés.

5. Les résultats de l'autopsie

Quel est, tout d'abord, dans la violation de confiance, le rôle du problème non partageable? Très méthodiquement, Cressey illustre différents points au moyen de passages des entretiens: la nature du problème non partageable; la violation d'obligations assignées; problèmes résultant d'une faute personnelle; problèmes résultant de revers en affaires; problèmes résultant de l'isolement physique; problèmes liés à l'acquisition de statut; problèmes résultant de relations entre employeur et employé; l'importance de résoudre le problème secrètement; et, conformément à la méthode suivie, absence de problèmes non partageables chez ceux qui n'ont pas abusé de la confiance; la réaction de l'interrogé est en outre étudiée face à une situation hypothétique.

Personne parmi les interrogés n'utilise l'expression «problème non partageable», mais pas mal d'entre eux disent qu'ils auraient été honteux de dire à quiconque leur problème financier, et qu'ils avaient trop de fausse pudeur pour appeler quelqu'un à l'aide. Les situations qui ont provoqué le problème sont très diverses, mais tous les problèmes sont liés à la recherche ou au maintien d'un statut chez les abuseurs. Le fait qu'une personne de confiance joue des rôles en conflit acquiert de l'importance dès lors que les obligations nécessaires à un rôle sont considérées par la personne comme non communicables aux personnes qu'elle rencontre lorsqu'elle joue le rôle de «personne de confiance». Au cours des entretiens, nombre de personnes interrogées ont accusé l'immortalité, l'urgence, les besoins accrus, les revers en affaires, ou un train de vie relativement élevé, comme les «causes» de l'abus de confiance. Mais une variable intermédiaire est nécessaire: toutes ces conditions ne sont signifiantes que si elles produisent chez la personne de confiance un problème non partageable, dont elle ressent que le seul mode de solution est le passage à l'acte, la violation de la confiance financière.

Comment se décèle l'opportunité d'abus de confiance? La position de confiance implique en soi la connaissance des possibilités qu'elle soit violée, et celle des moyens techniques de le faire. Toute une littérature populaire, spécialement durant les années de la grande crise des années trente, a présenté comme une sorte d'expectative ce qui n'était qu'une pure possibilité théorique, encourageant l'association entre l'idée de la confiance et celle de sa violation. Les associés contribuent à la connaissance des techniques possibles de violation et parfois donnent l'exemple. Le danger réside dans le fait que l'abus de confiance se situe dans la ligne d'une *routine* professionnelle et se prête à toutes les rationalisations, tandis que les voies proches s'appelleront «vol» ou autrement, sans possibilité de rationalisation. Mais le danger théorique ne deviendra ce que Kinberg appelle une «situation spécifique» d'état dangereux que lorsque, à l'information sur sa situation spécifique, s'ajoutera la perception que cette situation résoudra un problème qu'il ne peut garder que pour lui.

Comment s'organisent les vocabulaires d'ajustement des violateurs de confiance? Pour passer à l'acte, l'abuseur potentiel doit associer le problème non partageable et sa solution illégale en un langage qui lui permette de regarder l'abus de confiance comme (a) avant tout non criminel, (b) comme justifié, ou (c) comme un élément d'une irresponsabilité générale pour laquelle il n'a pas vraiment de comptes à rendre. La «rationalisation» s'ajoute donc à la perception du fait objectif que sa position de confiance offre la solution à son problème. Le sens dans lequel Cressey utilise le mot «rationalisation» n'est pas ici celui de la justification *ex post facto*, qui est la plus commune chez les sociologues, les psychologues ou les psychiatres. Il s'agit ici d'une clé de langage qui intervient *avant* l'acte et permet de concilier sa conception de soi comme personne de confiance avec la conception de soi comme usager de fonds qui vont lui permettre de résoudre son problème. Tel étudiant devrait se préparer à un examen, mais il préfère jouer au golf. Il se persuadera que le golf est essentiel pour sa santé, et que sa santé passe l'examen. Il ira jouer au golf parce qu'il a rationalisé sa conduite: le vocabulaire et la logique qui le sous-tend auront ajusté le désir à ses antipodes, le devoir et la moralité. L'idéologie culturelle dont l'abuseur de confiance va s'imprégner et qu'il ne va qu'exprimer lui suggérera qu'emprunter n'est pas voler, qu'il n'y a pas de préjudicié direct, que d'ailleurs tout le monde ferait de même.

Le développement des rationalisations ne suivra pas un cours uniforme. Cressey distinguera à cet égard trois sortes de sujets: à chaque système de violation de confiance correspondra un certain vocabulaire'd'ajustement. Le premier groupe est composé d'indépendants, qui convertissent des dépôts qui leur sont confiés pour une destination déterminée, et qui dans le même temps poursuivent leur activité régulière. Le deuxième groupe est composé d'employés qui convertissent des fonds de leur employeur, ou des clients de leur employeur, en prélevant au cours d'une longue période de temps de relativement petites sommes. Le dernier groupe recoupe en partie le second dans la mesure où il est composé de personnes qui ont détourné des fonds ou des biens à leur portée et ont disparu en les emportant, qu'ils fussent ou non les employés de la personne qui leur faisait confiance. Les indépendants vont réfléchir en termes d'emprunt momentané et surestimeront la généralité du procédé. Les employés traduiront leur malaise dans un vocabulaire psychosomatique qui leur permettra de rester en accord avec les valeurs et les idéaux de leurs associés qui condamnent le crime : certains, trop tard, se rendront compte qu'ils ont troqué un problème incommunicable contre un autre, moins partageable encore. Ceux qui fuient échappent au conflit : ils ne veulent pas voir ce qu'ils laissent derrière eux, ils veulent ne pas s'en préoccuper, et après coup ils attribueront leur attitude à des déficiences personnelles et non, comme les indépendants, à la situation où ils se sont trouvés. Ils perçoivent leur rôle comme celui d'un criminel, mais plutôt d'une sorte de « voleur » bien particulière plutôt que d'un indélicat ou d'un abuseur de confiance.

Le modèle proposé par Cressey fait de l'abus de confiance un phénomène à la fois culturel et psychologique. C'est la signification symbolique de l'acte proposée par leur culture qui leur fait choisir, dans un éventail de possibilités, l'abus de confiance plutôt que le vol, le cambriolage ou l'agression, pour obtenir les fonds dont ils ont besoin. Ils ne se perçoivent pas comme de *réels* délinquants. Les traits personnels de l'agent ne sont importants que dans la mesure où ils ont affecté l'occurrence des événements : le fait par exemple d'avoir une personnalité « introvertie » augmente la possibilité qu'un problème soit perçu comme non partageable. De même, les caractéristiques sociales des sujets ne reflètent que les critères d'âge ou de statut social nécessaires pour conquérir les positions de confiance dont ils ont abusé. Enfin, si l'on examine la compatibilité de la théorie limitée de la violation de confiance et de la théorie générale des associations différentielles proposée par Sutherland, on ne peut pas dire qu'elles s'excluent. Cependant, d'une part, la théorie de Cressey est une théorie plus sytématique que génétique, et d'autre part, il est difficile de trouver le moyen empirique de vérifier de manière cruciale la validité de la théorie générale de Sutherland. Quant aux fluctuations des taux de délinquance d'abus de confiance financière, ils s'expliquent d'abord par des phénomènes plus généraux comme la désorganisation sociale (Sutherland) ou les conflits de culture (Sellin). Mais l'explication de sociologie culturelle ne s'oppose pas, à un niveau individuel, à l'explication de psychologie sociale de l'abus de confiance, dans la mesure où ces explications générales s'appliquent spécialement à des périodes de difficultés financières et d'ébranlement de l'homogénéité culturelle face à la criminalité, que l'on retrouve au niveau individuel sous la forme du problème financier et de la verbalisation.

6. Une théorie pratique?

Peut-on dire que la théorie présentée par Cressey soit *pratique*? Il est courant de reprendre l'expression de Kurt Lewin selon laquelle rien n'est plus pratique qu'une bonne théorie[12].

Imaginons un *casus*. Un groupe bancaire veut améliorer la qualité du recrutement de ses gérants d'agences, afin d'éviter les risques d'abus de confiance. La théorie facilite-t-elle ce choix? La réponse consistera sans doute à tourner d'abord le miroir vers la banque, en demandant quelle image il reflète du «bon» gérant: est-ce le fonctionnaire sourcilleux et anxieux de la moindre irrégularité? Ou est-ce l'homme entreprenant, dynamique, sachant prendre des risques? Outre la sélection initiale, quel instrument permettra de prédire avec quelque fiabilité le risque d'accident? Sans doute peut-on aisément dépister le «mauvais risque». Mais au-delà de cette sélection à grands traits, ce n'est qu'en situation qu'on pourra voir comment cette personnalité se réalise. La suite du cas, une certaine surveillance discrète de son activité, les étonnements qui pourront apparaître lorsque le gérant sera remplacé pendant une période de maladie ou de congé, permettront sans doute de percevoir à temps une situation de risque de détournement.

On ne peut donc pas dire que la théorie de l'abus de confiance facilite, à un niveau concret, la prévention, la détection, ou le traitement dans le but d'éviter la récidive. Sans doute peut-on imaginer dans des compagnies des programmes paternalistes qui évitent au maximum qu'il subsiste des problèmes non communicables chez les employés. Sans doute encore peut-on bloquer les rationalisations et l'image que ça n'arrive qu'aux autres, aux victimes des trois «w» («*wine, women and wagering*», le vin, les femmes et le jeu). Mais l'objet de la théorie est ici plus de compréhension que de prévention, et comme elle ne s'applique qu'à des personnes qui acceptent de bonne foi une position de confiance, elle exclut la plupart des cas de récidive de son champ d'application.

Il reste que la théorie proposée par Cressey reste l'un des efforts les plus systématiques de modèles de criminologie spéciale, cherchant à formuler des règles de portée générale, toujours révisables si quelque cas contraire se présente, alors que généralement on se contente de classifications. *Other People's Money* reste une des grandes pages de la criminologie.

NOTES

[1] Constant, J., «L'inexécution des contrats et le droit pénal belge», *Revue de droit pénal et de criminologie*, 1964-1965, pp. 139-147; voy. à ce sujet la note de Mahaux sous Cass., 4 mai 1953, *Pas.*, 1953, p. 682 sv., que me signale A. De Nauw.
[2] Vouin, R., *Précis de droit pénal spécial*, 2e édition, t. I, Dalloz, 1968, pp. 55-59.
[3] Constant, J., *Manuel de Droit pénal*, 2e partie, t. II, Liège, Imprimerie des Invalides, 1957, pp. 375-384.
[4] Léauté, J., «Le rôle de la théorie civiliste de la possession dans la jurisprudence relative au vol, à l'escroquerie et à l'abus de confiance», in: *La chambre criminelle et sa jurisprudence*, Recueil d'études en hommage à la mémoire de Maurice Patin, Paris, Cujas, 1968, pp. 234-236.
[5] Constant, J., étude citée à la note 1, p. 141; du même auteur, *Eléments de Criminologie*, Liège, Imprimerie des Invalides, 1949, p. 145.
[6] Kellens, G., «Aspects criminologiques des ventes à tempérament», *Revue de droit pénal et de criminologie*, 1966-1967, pp. 22 et 19-20.
[7] Lévy-Bruhl, H., «Enquête statistique sur l'abus de confiance, organisée par le Centre d'études sociologiques», *Actes du IIe Congrès international de criminologie* (Paris, 1950), t. IV, Paris, Presses universitaires de France, 1953, pp. 35-41.
[8] Pinatel, J., «Criminologie», t. III du *Traité de Droit pénal et de Criminologie* de P. Bouzat et J. Pinatel, Paris, Dalloz, 1963, pp. 353-354.
[9] Lottier, S., «A tension theory of criminal behavior», *American Sociological Review*, 1942, pp. 840-848.
[10] Cressey, D.R., *Other People's Money, A Study in the Social Psychology of Embezzlement*, Glencoe (Illinois), The Free Press, 1953.
[11] Popper, K.P., *La logique de la découverte scientifique* (original anglais, 1959, 1968), Paris, Payot, 1973, 1984.
[12] Lewin, K., cité par Houchon, G., Le système pénal dans le système social belge, in: *Le système pénal belge*, Actes des IIIe Journées belges de criminologie, Université de Liège, Ecole de criminologie, 1975, p. 31.

Chapitre 9
Crime en col blanc

Préambule

La table des matières d'un livre de Jean Cosson fournit le programme de ce chapitre: «*De quoi s'agit-il?* 1. Châteaux en Espagne; 2. Criminalité d'affaires; 3. L'argent. *Qui fait les frais?* 1. Les actionnaires cocufiés; 2. Les créanciers piégés; 3. L'Etat bafoué: le fisc, la douane, la Sécurité sociale; 4. Les salariés paumés; 5. Les clients pigeonnés; 6. Les concurrents évincés; 7. L'environnement ravagé. *Comment font-ils?* 1. Escroqueries et détournements; 2. Cuisine comptable électronique et offset; 3. Bakchich; 4. Mort d'homme et crime organisé. *Est-il grand-pitié au royaume des banques?* 1. Le fil de fer du filou; 2. Les chèques en bois des ferrailleurs; 3. Les œillets fanés du colonel; 4. Autres temps et autres lieux; 5. Que fait le gendarme? *Que faire?*»[1].

La première page de son livre est un avertissement: «Ce livre décrit le mal grandissant qui ronge l'économie comme un cancer, en s'attaquant à son fluide vital, l'argent, de même que la leucémie, maladie pernicieuse du sang, infecte tout un organisme.

«Rien d'important, de nos jours, ne se réalise plus qui ne soit structuré comme une entreprise industrielle ou commerciale. Le crime n'échappe pas à cette règle, celui de la violence comme celui des affaires. Les requins de la finance et les tueurs ne dédaignent d'ailleurs pas de se rendre, en certains cas, des services mutuels »[2].

Reprendre en détail l'une ou l'autre affaire, par exemple le procès intenté à *Union Carbide* à la suite de la fuite de gaz qui avait causé la mort de plus de deux mille personnes en décembre 1984 dans la ville indienne de Bhopal, ou l'affaire de reprises d'entreprises en difficulté aboutissant à la gigantesque débâcle des frères Willot au début de 1981, excéderait les limites de ce livre de synthèse. Qu'il soit permis de renvoyer le lecteur, dans un premier temps, au livre de Cosson ou aux références données dans certaines de nos études antérieures[3].

1. Originalité

L'un des aspects les plus intéressants de l'étude de la délinquance économique est qu'elle présente une sorte de criminologie renversée. Comme l'écrivent Braithwaite et Geis, « quand le savoir accumulé en criminologie nous indique que quelque chose est vrai pour la délinquance traditionnelle, on peut sous différents aspects s'attendre à ce que le contraire soit vrai pour la délinquance des entreprises »[4].

Le principal problème lorsqu'on cherche à définir une politique en matière de délinquance des entreprises est de réfréner l'envie d'appliquer des théories et des manières de penser valables pour la délinquance traditionnelle et de les transposer dans le domaine de la délinquance des entreprises (je traduis par là l'expression anglaise *corporate crime*).

Ainsi, par exemple, Braithwaite et Geis énoncent, pour guider l'action du système de justice pénale, une série de six propositions de base.

Proposition 1 : Pour la plupart des infractions traditionnelles, le fait qu'une infraction a été commise est immédiatement apparent; pour la plupart des infractions d'entreprises, l'effet de l'infraction n'est pas immédiatement apparent.

Proposition 2: Dès qu'une infraction devient apparente, le problème principal, lorsqu'il s'agit de délinquance traditionnelle, est d'appréhender un suspect, alors que ce sera généralement chose aisée pour une délinquance d'entreprise.

Proposition 3: Dès qu'un suspect a été appréhendé, la preuve de la culpabilité est généralement aisée s'il s'agit de délinquance traditionnelle, mais présente presque toujours des difficultés lorsqu'il s'agit de délinquance d'entreprises.

Proposition 4: Dès qu'un délinquant est condamné, l'intimidation est douteuse pour la délinquance traditionnelle, alors qu'elle peut être très réelle lorsqu'il s'agit de délinquance d'entreprises.

Proposition 5: Alors que l'incapacitation (mise hors d'état de nuire) peut difficilement être réalisée et acceptée pour juguler la délinquance traditionnelle dans une société humaine, ce peut être une stratégie très efficace lorsqu'on s'en prend à la délinquance d'entreprises.

Proposition 6: Même si la réadaptation est une doctrine mise en échec lorsqu'il s'agit de délinquance traditionnelle, elle peut réussir lorsqu'il s'agit de délinquance d'entreprises[5].

Le même exercice peut être fait en matière de prévention.

L'eugénique, qui n'est humainement pas acceptable vis-à-vis d'êtres physiques même si l'on s'inquiète des caractéristiques des parents, devient possible pour des êtres sociétaires: il peut être interdit à des personnes qui ont un lourd pédigrée ou présentent des éléments suspects, de créer une entreprise qui a toutes les chances d'être source d'escroquerie ou de dommages pour les partenaires, le public, ou l'Etat.

A tout le moins, la naissance peut être subordonnée à de solides garanties de solvabilité et de vie correcte et florissante. Même le ravitaillement, par exemple l'accès aux adjudications publiques de marchés ou aux subsides des pouvoirs publics peut être réservé aux firmes qui respectent une série de prérequis. Durant son existence, l'entité sociétaire peut encore être soumise à des contrôles qui heurteraient les garanties de la vie privée assurées aux personnes individuelles.

Dans certaines circonstances, la mort d'une entité sociétaire peut être avantageuse en termes d'analyses de coûts-bénéfices, alors que, bien entendu, cette manière de raisonner est exclue lorsqu'il s'agit de personnes physiques.

Ces particularités de la poursuite et de la prévention de la délinquance d'entreprises suffisent à démontrer qu'on a besoin dans ce domaine d'une nouvelle vision théorique. L'un de mes propos sera précisément de chercher dans la littérature criminologique les théories les plus appropriées pour interpréter la délinquance d'entreprises. Mais avant tout, je tiens à m'entourer d'un certain nombre de précautions.

2. Précautions

Evitons les discussions de terminologie. Une trop grande part des efforts scientifiques dans le domaine du «crime en col blanc» et de la délinquance économique a été consacrée à la recherche des concepts de base les plus appropriés pour l'étude de ce secteur. Sutherland lui-même a contribué à fourvoyer les chercheurs en les menant dans cette impasse: alors qu'il étudiait les casiers judiciaires et administratifs de grandes compagnies, il utilisa l'expression *white-collar crime*[6] d'une telle manière que durant des décennies chaque homme de science a eu l'impression qu'il créait quelque chose et qu'il contribuait à l'avancement des connaissances en ajoutant quelque nouveau concept ou quelque nouvelle expression au vocabulaire déjà florissant en usage dans le secteur et en vantant les qualités que présentait le nouveau produit par rapport à ceux que proposaient ses collègues. Beaucoup d'imagination a été déployée en vain, si ce n'est pour la satisfaction d'attacher son nom à un nouvel élément du thesaurus criminologique.

Convenons de parler de «*délinquance économique*», et acceptons comme définition celle d'actes punissables ou même légaux mais fautifs commis dans le monde des affaires et engageant d'importantes valeurs, qu'elles soient financières ou autres[7]. Ayons cependant le souci de sauvegarder la distinction fondamentale entre le «crime en col blanc», qui n'entre pas dans notre propos et la délinquance d'entreprises, qui en est l'objet.

Il est à présent d'acception commune que l'expression «*crime en col blanc*» désigne des actes commis par des individus contre des entreprises, tandis que le «*crime organisationnel*»[8] désigne des actes commis par des entreprises contre d'autres. Ce qui est essentiel pour l'élaboration d'une politique, c'est le mal produit directement ou indirectement par le fonctionnement d'entreprises qui utilisent la forme sociétaire comme outil ou à tout le moins comme contexte sociologique. Ce chapitre concernera donc la délinquance d'entreprises et l'explication de son émergence.

Une deuxième précaution que je souhaite prendre est d'éviter les gigantesques problèmes qu'implique le rassemblement de «données dures», chiffrées, sur la délinquance économique. De nombreux auteurs ont consacré un temps précieux, sans atteindre aucune réponse, à susciter simplement de nouvelles questions sur les définitions, les limites des contrôles, les intercommunications entre agences, la manière de compter, et tous les problèmes que suscite la mesure. Christopher Balogh a récemment résumé les principaux obstacles auxquels se heurte la mesure de la délinquance économique. Qu'il suffise de dire que les problèmes classiques et moins classiques de la mesure de la délinquance et du chiffre noir, au travers de la délinquance «légale» telle qu'elle résulte des «*outputs*» du système de justice pénale, ou au travers des victimisations (ce que les gens disent avoir subi) ou de la délinquance autorapportée (ce que les gens disent avoir commis), sont décuplés dans un domaine où le secret est plus lourd, où les limites de l'illégalité sont incertaines, où les victimes sont diffuses et inconscientes, où les agences compétentes composent une sorte de conglomérat à tête d'hydre déchiré entre des objectifs contradictoires, des plages de recouvrement, et le souci fondamental de guider et de gérer pour l'avenir plutôt que de sanctionner et de stigmatiser un passé[9].

La principale faiblesse du rapport très discuté que le professeur Marschall B. Clinard a consacré récemment au comportement illégal d'entreprises[10] a été d'analyser un imposant déploiement d'actes criminels commis par plus de 500 grandes compagnies des

Etats-Unis à travers les seuls dossiers traités par la Justice, en feignant d'ignorer que l'essentiel des conflits qui opposent des entreprises soit entre elles, soit aux autorités publiques, ou encore l'essentiel des conflits qui surgissent à l'intérieur même d'une entreprise, échappent au traitement par le système de justice pénale : comme Pierre Lascoumes[11] l'a bien montré pour la France, ou Christian-Nils Robert[12] pour la Suisse, le judiciaire ne connaît ici que de rares cas qui résultent de situations exceptionnelles où les voies antérieures de régulation ont fait défaut ou échoué.

Une raison de plus, et non la moindre, d'éviter de faire appel ici aux données chiffrées de la justice pénale, est que le recours à la catégorie même de crime contribue à isoler la réflexion criminologique de ses principales sources d'approvisionnement, et en particulier des données économiques. Denis Szabo[13] a insisté sur l'importance de l'ouvrage *The New American Ideology*, où Cabot Lodge exprimait l'idée que le progrès de la science requiert la renaissance d'une pensée holistique au lieu de l'excessive spécialisation et de la fragmentation du savoir : la survie de notre civilisation requerrait de voir la nature et la culture comme un système en interrelation et en interdépendance. C'est une idée que l'on retrouvera dans plusieurs des développements qui suivent.

Une troisième et dernière précaution que je désire prendre avant de sélectionner des travaux de recherche et de proposer des priorités de recherche dans le domaine de la délinquance économique, est de rappeler l'importance du contexte idéologique et même politique dans lequel s'insèrent non seulement l'activité des organismes qui s'occupent du traitement des conflits économiques, mais simplement le regard que l'on porte sur l'économie et sur les affaires et la volonté que l'on peut avoir de constater des anomalies dans leur fonctionnement ou dans leur existence même.

Il est bien entendu que les secteurs et les manières d'exprimer la désapprobation, le rejet et la stigmatisation des comportements sont intimement liés au système général de valeurs d'une culture, et que dès lors la criminologie est une manière d'approcher d'un certain point de vue les fondements d'une société tout entière :

tout chercheur en sciences sociales a appris à regarder comme des objets étrangers et neutres des choses qui le concernent pourtant profondément. L'important est d'être conscient de son regard, de rester ouvert à la critique, de pratiquer ce que Edgar Morin[14] ou Herman Bianchi[15] appellent une science ouverte ou réflexive.

Le principal ennemi d'un effort scientifique en sciences sociales est un corps de croyances, une doctrine, si elle est utilisée ou présentée comme une théorie générale, mais ne tolère aucune contradiction. En ce sens, certains ont fait renaître le mythe du «criminel-né» dans le domaine de la délinquance économique en affirmant qu'une entreprise et plus généralement le système capitaliste est intrinsèquement mauvais et ne peut porter que le mal, l'injustice et la souffrance. Les modèles et les théories sont d'un grand intérêt pour organiser et tester les interprétations des données. Ainsi, des cadres généraux de compréhension de l'entreprise, qu'ils se réfèrent à la simple maximisation, au comportement, ou à la perspective marxiste, pour suivre la tripartition proposée par Tomlinson[16], constituent un apport considérable à la réflexion. En revanche, des doctrines n'ont rien à voir avec la science, et l'on peut aisément, par exemple, à la suite de Sir Leon Radzinowicz[17], noter qu'à chaque mode de production correspond un type particulier de criminalité. Il existe de nombreuses études de la délinquance économique dans d'autres systèmes que les systèmes capitalistes. En fait, il n'existe pas ou plus de types purs de systèmes économiques. Il conviendra de garder à l'esprit ces difficultés lorsqu'on discutera de recherche et de priorités de recherche.

3. Causalité

Contrairement au contraste classique entre délinquance d'entreprise et délinquance «ordinaire», pas mal d'études récentes ont été consacrées à la comparaison entre délinquance d'entreprise et crime organisé. Par exemple, Jay S. Albanese[18] a examiné récemment ce que Lockheed et la Cosa Nostra avaient en commun, en analysant côte à côte le témoignage présenté par A. Carl Kotchian, président de la société Lockheed, et celui de

Joseph Valachi, membre réputé de la Cosa Nostra, devant des commissions d'enquête du Sénat américain. Il établit entre les deux cas des similitudes étonnantes. De part et d'autre, les lois qui avaient été votées à la suite des enquêtes avaient ignoré d'importants aspects du comportement organisationnel en cause, ce qui compromettait totalement l'efficacité de la législation. Cherchant à expliquer pourquoi d'importants éléments de preuve avaient été négligés, Albanese suggère que la position idéologique des enquêteurs les prédisposait à ne prendre en compte que les faits qui concordaient avec leurs croyances sur les causes du crime organisé. Il entreprit une analyse préliminaire pour illustrer l'utilité d'une théorie générale de l'organisation pour expliquer l'inconduite des organisations tant dans le cas de Lockheed que dans celui de la Cosa Nostra. Il suggéra que si l'on raffinait un tel modèle, il pourrait aider à prédire les conditions de marché qui mènent au comportement illicite d'organisations.

Dans le même sens, Dwight C. Smith[19] a suggéré que l'une des voies par lesquelles les sciences sociales pouvaient sortir de leur état de «protoscience» au sens de Thomas S. Kuhn, était de réorganiser la théorie criminologique dans notre domaine autour du principe que c'est l'entreprise et non le crime qui est la caractéristique commune dominante du crime organisé et de la délinquance d'entreprise et que leurs aspects criminels sont le mieux compris lorsqu'on reconnaît que l'entreprise prend place dans un vaste spectre de légitimité. Dans cette perspective, une théorie «spectrale» de l'entreprise est plus prometteuse si l'on cherche à comprendre les relations et les distinctions entre le crime organisé et la délinquance d'entreprise.

C'est Diane Vaughan[20] qui a fourni l'un des meilleurs modèles de compréhension du comportement illégal d'entreprises. Elle commence par rappeler que c'est depuis le début des années 1970 que les recherches et les efforts théoriques ont progressivement pris l'organisation comme unité d'analyse et reconnu l'importance d'une structure sociale dans l'explication du comportement illégal. Comme elle l'écrit, le corps de connaissances qui se constitue adopte le modèle holistique suggéré par les théoriciens de l'organisation, et selon lequel ce n'est pas seulement l'organisation qu'il faut prendre en compte, mais l'environnement dans lequel elle se situe. Malgré un certain progrès théorique, l'essentiel des efforts a été consacré à la vérification empirique de variables choisies susceptibles de prédire le comportement illégal d'organisations, qu'il s'agisse de la taille de l'entreprise, du rendement financier, de la diversification, de la puissance sur le marché, de la concentration industrielle, et de l'interdépendance entre l'industrie et le gouvernement. On assiste seulement aux débuts de la construction des instruments nécessaires à la compréhension du comportement d'organisations en tant que macrophénomène.

Le point de départ de l'étude de Diane Vaughan est que si l'on veut apprécier avec réalisme les efforts déployés par les agences de contrôle, il faut aller au-delà des dossiers publics et reconnaître que tous les efforts de contrôle social se heurtent à des contraintes naturelles qui résultent de la production continue et systématique de comportements illégaux par une certaine structure sociale. «Par structure sociale, précise-t-elle, j'entends deux choses. D'abord, les caractéristiques stables de la société américaine qui forment l'environnement dans lequel les organisations mènent leurs activités d'affaires : réseaux de relations sociales, lois, normes, groupes et institutions. Ensuite, les caractéristiques stables des organisations mêmes : structure interne et processus. Ces facteurs provoquent dans les organisations des tensions à atteindre des objectifs par des voies illégales».

Insistant surtout sur les organisations complexes destinées à la recherche d'un profit dans l'ordre économique légitime, Diane Vaughan essaye de présenter comme un modèle général la relation entre les facteurs structurels et le comportement illégal, et utilise comme concepts centraux les notions mertoniennes de compétition, de réussite économique comme but culturellement assigné, et d'érosion des normes soutenant les procédures légitimes permettant d'atteindre ce but, qui en définitive conviennent mieux pour l'interprétation des taux d'inconduite des organisations que des individus.

Diane Vaughan tient pour valide le postulat que la maximisation du profit (l'ajustement de l'*output* aux conditions du marché dans des conditions qui permettent à la firme de maximiser les profits sur les coûts) est un objectif motivant et une activité centrale d'organisations complexes. La réussite financière est un but qu'on estime accessible à tout le monde, mais les organisations recherchant un profit entrent en compétition pour l'atteindre. Elles se concurrencent non seulement sur le plan des objectifs économiques, mais aussi sur le plan des ressources nécessaires pour leur permettre d'atteindre les objectifs économiques: recrutement du personnel, développement des produits, acquisition de terrains, espaces publicitaires, territoires de vente. L'érosion du support normatif de la conduite légitime dans les organisations a été bien notée dans les systèmes de stratification de sociétés qui ont été modernisées: des nouveaux dirigeants, qui n'avaient pas occupé auparavant de positions d'élite, perçoivent la compétition comme illimitée. Or, la définition de la déviance demeure ambiguë, suscitant la possibilité d'un état chronique d'anomie pour toutes les organisations, de façon telle que ce que la société définit comme illégal peut être défini comme normatif au sein de l'organisation. Quand survient quelque contrôle social, ce seront des compromis qui interviendront entre les organes de contrôle ou les pouvoirs publics d'une part, et les firmes qu'ils ont pour tâche de contrôler d'autre part, ce qui confirme l'interdépendance des contrôleurs et des contrôlés, et donne un nouveau support structurel au comportement illégal, ce qui aide à maintenir la ligne de conduite. La réussite de certaines organisations qui parviennent à atteindre leurs objectifs dans l'illégalité encourage d'autres à emprunter la même voie de succès, et le besoin de survie peut faire apparaître comme souhaitable une conduite qui pour être techniquement expédiente, n'en est pas moins illégale.

Stanton Wheeler et Mitchell Lewis Rothman[21] ont décrit l'organisation comme une arme de la délinquance d'entreprise (le mot qu'ils emploient est «crime en col blanc»), et en ont appelé à percer plus de lucarnes dans l'organisation, et à prédire dans quelles circonstances des organisations présentent davantage de risques de violer la loi. Diane Vaughan, après avoir décrit les tensions produites par la structure sociale, examine comment la structure et les processus créent les opportunités pour les organisations de commettre des actes de délinquance.

Les processus sont définis comme les dynamiques de l'organisation qui affectent les membres individuels. Cette notion inclut le recrutement de nouveaux membres qui sont bien assortis aux membres présents. Mais les individus entrent dans les affaires avec toute l'influence de leurs affiliations avec d'autres organisations : famille, église, clubs, écoles, syndicats, et employeurs précédents. La plupart des organisations, dès lors, soumettent les nouvelles recrues à une éducation et un entraînement, ajustant les talents pour qu'ils rencontrent les besoins de l'organisation, et accordant idéologiquement les membres aux objectifs de l'organisation. Par l'usage de systèmes de récompenses et de sanctions, par une absorption graduelle, à tout le moins dans les grandes organisations, et simultanément par l'isolement de l'individu du monde extérieur, les besoins du même individu finissent par se confondre avec le succès de l'organisation.

La structure d'organisations complexes crée aussi des opportunités, en fournissant différents cadres où peut surgir un comportement délinquant, en isolant ces cadres et en masquant le comportement organisationnel : dispersion géographique, compétition entre sous-unités spécialisées, secret engendré par la ségrégation des tâches, progressive perte du contrôle des sous-unités, «fuites» d'autorité, dispersion de la responsabilité personnelle par une structure hiérarchique de l'autorité qui met certains «intouchables» hors de portée de la loi, tout cela évoque des analogies avec le crime organisé.

Tant en ce qui concerne la structure que les opportunités, Diane Vaughan propose des exemples et des limitations, qui présentent un intérêt presque aussi grand que le modèle général lui-même. Elle tire par ailleurs un certain nombre d'implications du modèle pour l'exercice des contrôles. Selon elle, un accroissement des ressources de contrôle social n'empêche pas l'apparition de l'inconduite de l'organisation qui n'est que l'accompagnement naturel de la complexité des organisations d'affaires et de leurs interactions, et qui se perpétuera tant que la structure des opportunités et les buts organisationnels resteront inchangés. L'accroissement des ressources dans le but d'augmenter la capacité d'intervention des agences, peut même avoir l'effet inattendu d'accroître la conduite illégale des affaires, même en tenant compte des diminutions provoquées par les interventions de contrôle. Nous reviendrons sur ce point dans la section consacrée au contrôle. Une politique de non-intervention radicale comme celle que Schur a pu proposer, peut contribuer à alléger les tensions qui poussent à la délinquance, en diminuant la complexité de l'appareil régulateur. Mais Diane Vaughan ne néglige ni la capacité de certaines agences de contrôler certains types de comportements spécifiques d'entreprises, ni la fonction sociale de dissuader ou à tout le moins d'effriter l'image de corporations comme des corps d'élite hors d'atteinte de la loi.

Retour au fonctionnalisme? Sans doute, pour une part. Mais est-il justifié de chercher à faire nouveau à tout prix, alors que les vues de Merton[22], de Cloward et Ohlin[23], de Schur[24], trouvent enfin un terrain d'élection où elles se déploient bien mieux qu'ailleurs.

4. Contrôle

L'autre versant de l'étude de la délinquance d'entreprise est l'étude de l'effectivité de son contrôle formel, tant de l'intérieur que de l'extérieur.

C'est surtout à propos des professions libérales que les contrôles internes ont été bien étudiés. Ces études relèvent donc de l'étude de la «criminalité en col blanc», mais fournissent cependant pour notre secteur un certain nombre d'intéressantes analogies. Ainsi, en 1970, le comité spécial de l'*American Bar Association* chargé de l'évaluation du respect de la discipline professionnelle aux Etats-Unis, indiqua dans les conclusions de son rapport : «Après trois ans d'étude de la discipline des avocats aux quatre coins du pays, ce comité doit faire état de l'existence d'une situation scandaleuse qui requiert l'attention immédiate de la profession. Sous réserve de quelques exceptions, l'attitude prédominante des avocats vis-à-vis de la discipline professionnelle varie de l'apathie à la franche hostilité. L'action disciplinaire est pratiquement inexistante dans pas mal de ressorts; les pratiques et les procédures sont désuètes; pas mal de conseils de discipline manquent de pouvoir pour affronter sérieusement les malfaiteurs». Jerry Parker[25], qui cite ce rapport, a mené une recherche fondée sur la théorie de Durkheim et consacrée à l'examen des relations entre le degré de solidarité, la centralité du pouvoir dans un barreau d'Etat et les trois caractéristiques dominantes du comportement sanctionnateur: le taux des sanctions, la sévérité des sanctions, et le taux de réadmissions. Dans le domaine des entreprises, la mise en œuvre de l'éthique en est encore à ses débuts, et les codes de déontologie qui doivent montrer la voie de la correction en affaires, tel le code de l'O.C.D.E. pour les multinationales[26], remplissent différentes fonctions qui n'ont pas été suffisamment analysées.

L'image de la meilleure forme de contrôle, telle qu'elle est véhiculée par les hommes d'affaires est celle d'un contrôle interne assuré par le chef d'entreprise lui-même sur les différents départements et les différentes activités de son entreprise[27]. Cette image ne concorde pas parfaitement avec le fonctionnement effectif des sociétés, tel qu'il apparaît, par exemple, de l'affaire «Pinto», c'est-à-dire de la décision de la Ford Motor Company de produire et de maintenir sur le marché en 1971 une voiture dont on savait qu'elle n'était pas sûre. Cette décision a été analysée par Ronald C. Kramer[28] par référence au système normatif interne de Ford: la manière dont certaines normes ont été introduites dans une structure prête à les accueillir. Ainsi, il apparaissait que la sécurité n'était pas une norme solidement établie chez Ford. Nous en revenons ainsi à la causalité. Mais sur la base de ce type d'observations, John Braithwaite[29] a prôné un système d'autorégulation renforcée, selon lequel un directeur du respect des normes aurait pour tâche de faire rapport à l'organe de contrôle compétent de toute décision enfreignant les directives du groupe. Le directeur qui négligerait ce devoir serait pénalement responsable. Les compagnies qui ignoreraient ce genre de directives feraient l'objet d'une attention toute spéciale de l'organe de régulation, qui pourrait de cette manière concentrer des ressources limitées aux cas de compagnies continuellement en infraction aux règles du groupe. Une autorégulation renforcée répondrait à la flexibilité de l'autorégulation volontaire, tout en évitant pas mal des faiblesses du volontarisme. Ce n'est là qu'une idée, dont la mise en œuvre pourrait être objet de recherche. Mais sans doute ce type de modèle chinois, où chacun est chargé d'espionner quelques-uns de ses voisins, amis ou collègues, ne fera-t-il pas facilement l'unanimité dans nos types de cultures.

En ce qui concerne les contrôles externes, il faut au départ examiner dans quelles circonstances une règle devient obligatoire et pour quelle raison un législateur décide de criminaliser un comportement. Ce qu'on appelle à présent la «criminalisation primaire»[30] fait l'objet de sérieuses recherches, et d'importantes législations économiques, comme la *Warenwet* néerlandaise[31], ont été minutieusement retracées dans leur parcours, depuis leur conception jusqu'à leur promulgation. Les conflits d'intérêts et les véritables raisons de légiférer, parfois dans le seul but de paraître faire quelque chose (comme c'est parfois le cas d'enquêtes parlementaires ou gouvernementales : que l'on songe par exemple à certaines enquêtes sur la police au Québec, analysées par Brodeur) apparaissent clairement de certaines de ces études et aident à comprendre la relative faiblesse des étapes suivantes du contrôle officiel sur les activités des entreprises.

Lorsqu'une règle devient obligatoire, cela ne signifie pas pour autant qu'elle sera mise en œuvre, et encore moins qu'elle se traduira par des poursuites pénales. Dans les premières pages du rapport consacré à l'effort considérable déployé par la République fédérale d'Allemagne pour mettre sur pied un système uniforme d'enregistrement de la délinquance économique, il a été répété que, à tout le moins au gré des adversaires de ce projet de recherche, «ni les statistiques policières, ni les dossiers des décisions criminelles ne fournissent d'information sur ce qu'est vraiment la criminalité. Au contraire, ces données ne nous renseignent que sur la statistique des résultats des efforts entrepris. Elles nous informent sur la fréquence avec laquelle se présentent des affaires de délinquance dite économique et la manière dont elles sont traitées. Chacun sait cependant que cette information dépend directement de l'intensité du travail de supervision, de la disponibilité de personnels, de la concentration des forces, ainsi que d'une série d'autres facteurs... Pour être honnête, il faut concéder au public que l'importance et les types de criminalité actuelle — et spécialement la criminalité économique — ne peuvent pas être déterminés de cette façon. Au contraire, il faudrait examiner la charge effective d'un parquet au cours d'une année et observer les résultats qu'il obtient. Cette dernière approche serait non seulement honnête, mais aussi informative»[32].

Le 49ᵉ Congrès des juristes allemands tint compte dans une certaine mesure de cette remarque lorsqu'il fut proposé la conclusion suivante: «Le congrès des juristes allemands estime absolument essentiel que les affaires de droit pénal économique qui sont traitées par les parquets fassent l'objet, pour tout ce qui suit le 1ᵉʳ janvier 1974, d'un enregistrement selon des méthodes uniformes, de façon qu'une évaluation quantitative et qualitative soit possible»[33]. La vaste recherche qui, dans la ligne de cette recommandation, fut confiée au *Max-Planck Institut* de droit pénal étranger et international de Fribourg-en-Brisgau, fournit en effet une image impressionnante de la charge de dossiers de droit pénal économique des parquets allemands, mais ne donne bien entendu pas une mesure de la délinquance économique. J'avais, dans le même sens, pu montrer, il y a quelques années, que la variance des notices de la section économique et financière du parquet de Bruxelles était due moins à la pression des affaires qu'à une autre organisation du parquet, de la police judiciaire et des contacts établis avec différents organes de contrôle.

Avec d'autres choix de recherche, le Centre de recherches sociologiques sur le droit et les institutions pénales (CESDIP) à Paris s'est orienté depuis une bonne dizaine d'années vers des recherches systémiques, dont on peut retenir notamment deux conclusions:

a) le fonctionnement du système pénal est largement réactif plutôt que proactif, ce qui signifie qu'il est pour l'essentiel déterminé de l'extérieur;

b) le système pénal intervient de deux façons contrastées, ou comme un contrôle de masse de première ligne, par exemple dans le domaine des infractions routières ou dans les atteintes aux propriétés privées, ou comme une ressource de dernier ressort, disponible pour un réseau d'organismes privés (tels que, par exemple, les services de sécurité des entreprises) ou publics (autorités fiscales, inspections du travail, etc.). Ainsi, lorsqu'on suit une cohorte d'affaires entrées dans un important Parquet français en 1982, alors que plus de 75 % de l'ensemble des affaires de vol ont eu pour point de départ la plainte de la victime, plus de 85 % des poursuites en matière économique et financière trouvent leur origine dans des initiatives d'agences de contrôle en dehors du système de justice pénale[34].

A partir de ces préliminaires, Pierre Lascoumes a réalisé une recherche sur la Commission des opérations de bourse (C.O.B.) française, parallèle à des études américaines sur l'activité de la *Securities Exchange Commission* (S.E.C.). Ces études permettent de comprendre dans quelle mesure un traitement privilégié est réservé aux infractions économiques, non dans le sens que toute intervention serait évitée, mais dans celui d'une vision plus souple de l'appareil d'Etat, fonctionnant plus à l'opportunité qu'à la légalité, plus au pragmatisme qu'au droit, et évitant autant que possible le recours au pénal: le pénal apparaît en effet peu adapté aux organisations complexes et ne fournit généralement en *feed-back*, en rétroaction, qu'une large insatisfaction. L'action régulatrice de la C.O.B. se traduira de préférence par l'imposition de rectifications dans les opérations financières ou l'imposition de dédommagements, ou plus souplement encore par le soutien à l'une des parties dans des conflits[35].

Ce type d'études d'«interfaces», c'est-à-dire de connexions entre les différentes pièces du système pénal au sens large, me paraît l'une des voies à privilégier dans les recherches sur la délinquance économique, où le judiciaire n'occupe en rien une position centrale, mais plutôt une position marginale, se tenant à quelque distance des événements et inquiétant surtout par son absence ou plutôt l'aspect essentiellement aléatoire de son intervention.

A mesure qu'on descend le cours du système de justice pénale, on rencontre des problèmes de moins en moins généraux: les principales orientations de politique sont imprimées par les gouvernements, les parlements, le public et les parquets. Aux derniers niveaux du système de justice pénale, ce ne sont plus que des décisions de portée individuelle qui sont prises. L'image des délinquants d'affaires dans les dossiers pénaux, spécialement dans les affaires de banqueroute, donne une sorte de caricature ne retenant que les traits grimaçants d'une existence entière, mettant en exergue les excès du risque ou de la fuite[36].

Certaines décisions peuvent cependant par leur portée dépasser le cas individuel. Ainsi, lorsque les convulsions d'une crise économique se traduiront par la séquestration des membres du conseil d'administration d'une entreprise qui se refusent à fournir une information exacte sur la situation, ou par la constitution d'un «trésor de guerre» garantissant la poursuite parallèle de quelques activités de l'entreprise, ou encore par le choix délibéré d'un dirigeant d'entreprise de polluer les rivières plutôt que de payer un tribut irrémédiable à l'obéissance aux normes légales, dans tous ces cas les tribunaux saisis du problème le liront sur fond macro-économique, et redécouvriront la subtilité et les vertiges des causes de justification[37].

Quelques efforts de recherche ont été consacrés à des explorations socio-juridiques sur la disparité des sentences prononcées à l'encontre de délinquants en «col blanc». Comme l'écrivent Ilene H. Nagel et John L. Hagan[38], «les chercheurs et les juges supposent généralement que le crime en col blanc bénéficie d'un sort préférentiel. Cette croyance mobilise les appels à des changements de politique pénale et à une réduction des disparités dans les décisions. Or, si l'on excepte une dizaine de ressorts judiciaires étudiés, nous n'avons trouvé — écrivent-ils — à cette présomption qui a la vie dure, aucun support empirique». Il n'y a là rien de surprenant: les décisions fondamentales, nous l'avons dit, ont été prises en amont, et lorsqu'un homme d'affaires est attrait en correctionnelle, c'est qu'il a déjà «coulé», et il n'est alors qu'un noyé à côté d'autres noyés. C'est bien avant ce stade que les décisions se prennent, et Nagel et Hagan ont raison de rappeler les ondoiements des attitudes publiques et privées à l'endroit de la délinquance économique. «Alors que l'Administration Carter proclamait comme une priorité publique la poursuite de la criminalité en col blanc, les premières déclarations de l'Administration Reagan ne semblent pas indiquer que les crimes de 'suites' recevront une priorité nationale».

Un autre type de recherches au niveau du jugement a été consacré à la philosophie de la sanction du criminel en col blanc, et notamment à l'opposition entre la vision utilitariste d'un Braithwaite[39] et l'image classique de la culpabilité («*just desert*»). Au lieu de sanctionner à la mesure de la faute, il conviendrait, selon le modèle utilitariste, de laisser aux autorités une certaine plasticité de décision tenant compte des besoins de prévention, de l'indemnisation de la victime, et d'autres préoccupations économiques et sociales. Braithwaite se réfère à l'exemple dramatique de dommage provoqué par une entreprise: l'affaire de la thalidomide. Von Hirsch[40] a considéré la contribution de Braithwaite comme un service important: «La littérature relative à la rétribution s'est surtout concentrée sur la délinquance traditionnelle. Des discussions récentes sur la sanction des délinquants en col blanc, celles de Posner et Coffee par exemple, se réfèrent essentiellement à une philosophie de dissuasion et de calcul d'utilité. L'étude du Dr. Braithwaite obligera les partisans de la juste rétribution à se demander comment cette notion est compatible avec la complexité de la délinquance des entreprises, des professions libérales, et des pouvoirs publics». Dans le droit fil du mouvement abolitionniste, ma position serait de considérer qu'il ne convient pas de transposer la logique de sanction de la délinquance traditionnelle dans la délinquance économique, par une sorte de «retournement des fusils»[41], mais au contraire de constater que le modèle plus pragmatique et restrictif des poursuites exercées en matière de délinquance économique ne donne pas de moins bons résultats, et de songer dès lors à étendre, dans la mesure du possible, la logique de jugement du crime de «suite» à celle du crime de «rue».

Une brève remarque suffira pour évoquer les recherches sur le dernier stade du système pénal: l'exécution des peines. Des auteurs comme J.C. Spencer[42] ont suivi des délinquants en col blanc en prison et ont proposé d'intéressantes observations sur leur position dans la société et dans la prison. Certaines études américaines ont montré aussi ce qu'il advenait après la prison d'hommes de paille «brûlés» dans des banqueroutes organisées manigancées par le syndicat du crime. Rapidement libérés sous caution, ils retrouvent de petits emplois dans l'«honorable société». Les autres délinquants en col blanc emprisonnés se retrouveront, soit dans des emplois à la mesure de leur habileté, soit rejetés et abandonnés de tous.

5. Priorités

Est-il possible, au terme de ce tour d'horizon, de proposer quelques priorités de recherche.

Trois questions se posent surtout:
a) Pourquoi et comment une règle est-elle adoptée?
b) Pourquoi et comment est-elle violée?
c) Pourquoi et comment s'agencent ou ne s'agencent pas les interfaces entre les organismes de contrôle et la justice pénale?

Au centre de ces trois questions figure la question de la légitimité de l'action, tant du législateur que des hommes d'affaires ou du système préventif ou répressif mis en place.

Comme l'écrit Denis Szabo[43], depuis que Dieu ne représente plus le principe de légitimité incontesté pour l'autorité des personnes et des institutions, ceux qui exercent une autorité doivent la justifier par le consentement de la majorité du peuple. Or, si l'on se réfère à des études comme celles de L. Harris, l'opinion américaine souhaite surtout que les entreprises génèrent une économie florissante, éliminent la dépression et le chômage, contrôlent la pollution de l'air et de l'eau, reconstruisent les cités, permettent le déploiement des talents de chacun, éliminent la pauvreté et la maladie, suppriment la discrimination raciale. Mais l'opinion publique n'est le plus souvent qu'un argument voire un alibi. A tout le moins, il faut reconnaître, avec des auteurs comme Hebberecht[44], que les arguments pour légiférer différeront complètement selon qu'ils seront utilisés par des auteurs qui auront choisi une perspective consensuelle, pluraliste, conflictuelle, ou néo-marxiste, de la société, du contrôle social et du droit. Quel que soit le choix théorique sous-jacent à ces analyses, des études des processus primaires de criminalisation en matière de délinquance d'affaires méritent une priorité.

Au niveau de l'entreprise, il est essentiel que les décisions à prendre soient perçues comme légitimes. Je me suis penché récemment sur les attitudes des hommes d'affaires vis-à-vis du système de justice pénale, et j'ai retrouvé la traditionnelle opposition entre la logique économique active et la logique pénale orientée vers l'action passée et vers la morale, même si, au sein de la logique pénale, un clivage s'observe entre le traitement fiscalisant des délinquants économiques, et le traitement médicalisant des délinquants traditionnels — Michel van de Kerchove l'a bien montré. Ce qu'il faut, c'est pénétrer les attitudes et les contraintes du monde des affaires. Les attitudes : l'étude devrait porter surtout sur les interactions entre les objectifs et les croyances personnelles, les objectifs organisationnels, et ceux du pays, de l'étranger et de la communauté internationale. A l'exemple du professeur Krom dans le roman d'Eric Ambler *N'envoyez plus de roses*[45], il s'agirait peut-être de pénétrer directement le monde des affaires à la manière des services secrets et de percevoir ainsi de l'intérieur la logique économique. Le coût de l'obéissance, de la conformité, mériterait aussi qu'on s'y attache sérieusement : « L'estimation du coût d'un comportement conforme aux réglementations fédérales varie considérablement. Au plus haut, Weidenbaum a proposé le chiffre de 102,7 milliards de dollars en 1979. En contraste, l'Office de comptabilité du Gouvernement fait une estimation de 33,8 à 38,8 milliards en 1975. La Table ronde des affaires estime ce coût, pour les 48 sociétés les plus importantes, à 2,6 milliards en 1977. Ces estimations — conclut Harold C. Barnett[46] — varient selon l'inclusion ou non des bénéfices de la régulation, selon l'organisme chargé de la régulation, et selon que la conformité est induite par le marché ou par l'Etat ».

Enfin, si l'on s'attache à la mise en œuvre du système pénal dans le domaine de la délinquance économique, son déclenchement devrait faire l'objet d'une attention toute particulière. Ainsi Pierre Lascoumes proposait-il de s'attacher aux retraits de plaintes, qui doivent indiquer qu'un autre mode de régulation des conflits a été choisi. Les interactions, ou absences d'interactions, entre les organismes de contrôle et le système pénal méritent de continuer à faire l'objet de recherches prioritaires.

J'ai limité mes suggestions de priorités de recherche aux recherches nationales sur des matériaux contemporains. Etendre le champ dans le temps et dans l'espace est évidemment souhaitable. En fait d'histoire, on peut citer le livre de Jean-Claude Waquet[47] sur la corruption à Florence aux XVIIe et XVIIIe siècles, qui permet de mieux comprendre une société comme un tout et les fonctions et les visions de délinquances ou de fautes morales comme des éléments d'une société globale. Si l'on adopte une vision planétaire, les discussions politiques entre le Nord et le Sud de la planète, et le souci d'une élémentaire justice distributive, ont besoin d'être nourris par des recherches sur les mécanismes d'interdépendance et d'exploitation économiques et politiques, qu'elles adoptent la forme de la sociologie d'opposition de Jean Ziegler[48], ou des efforts plus sereins de compréhension, ou l'analyse des documents produits par le grand journalisme d'enquête («*investigative journalism*»), voire des brillantes intuitions de romanciers comme Morris West. Rien n'est superflu lorsqu'on cherche à atteindre des rives de la criminologie inaccessibles aux embarcations traditionnelles.

NOTES

[1] Cosson, J., *Les grands escrocs en affaires*, Paris, Seuil, 1979.
[2] Cosson, *op. cit.*, p. 7.
[3] Kellens, G., Crise économique et criminalité économique, *L'année sociologique*, 29 (1978), pp. 191-221; du même auteur, Du «crime en col blanc» au «délit de chevalier», *Annales de la Faculté de droit de Liège*, 1968, pp. 61-124.
[4] Braithwhite, J. et Geis, G., On theory and action for corporate crime control, *Crime and Delinquency*, 28 (avril 1982), pp. 292-314, reproduit dans Geis, G., *On White-Collar Crime*, Lexington Books, 1982.
[5] *Ibid.*
[6] Sutherland, E.H., Is white-collar crime, a crime? *American Sociological Review*, 1945, pp. 132-139.
[7] C'était la convention adoptée dans l'ouvrage de Magnusson D., *éd.*, *Economic crime: Programs for future research*, Stockholm, Brottsförebyggande Rådet, 1985.
[8] Geis, G., *op. cit.*, préface, p. X; Smith, D.C., White-collar crime, organized crime, and the business establishment: resolving a crisis in criminological theory, *in:* Wickman, P. et Dailey, T., *éd.*, *White-Collar and Economic Crime*, Lexington Books, 1982.
[9] Balogh, C., Some problems in the measurement of economic offences, Home Office Research Unit, London, *Research Bulletin*, n° 10, 1980, pp. 36-41.
[10] Clinard, M. *et al.*, *Illegal Corporate Behavior*, Washington, D.C., National Institute of Law Enforcement and criminal Justice, 1979.
[11] Lascoumes, P. et Moreau-Capdevielle, G., *Justice pénale et délinquance d'affaires*,

Paris, Centre d'études sociologiques sur le droit et les institutions pénales (CESDIP), 1983.
[12] Robert, C.N., *Délinquance d'affaires: l'illusion d'une politique criminelle*, coll. des rapports et communications à la Société suisse des juristes, Basel, Helbing et Lichtenhahn, 1985.
[13] Szabo, D., La criminalité d'affaires: aspects criminologiques, *L'année sociologique*, 31 (1981), pp. 285-315.
[14] Morin, E., *Pour sortir du XXe siècle*, Paris, Nathan, 1981.
[15] Bianchi, H., *Basismodellen in de Kriminologie*, Deventer, Van Loghum Slaterus, 1980.
[16] Tomlinson, J.D., Economic and sociological theories of the enterprise and industrial democracy, *British Journal of Sociology*, 35/4 (1984), pp. 591-605.
[17] Radzinowicz, Sir L., Economic Pressures, *in:* Radzinowicz, L., Wolfgang, M.E., *éd.*, *The criminal in society*, vol. 1, Crime and Justice, New York, Basic Books, 1971.
[18] Albanese, J.S., What Lockheed and La Cosa Nostra have in common, *Crime and Delinquency*, April 1982, pp. 211-232.
[19] Smith, D.C., Jr., White-Collar Crime, Organized Crime, and the Business Establishment: resolving a Crisis in Criminological Theory, *in:* Wickman, P. and Dailey, T., *éd.*, *White-Collar and Economic Crime, Multidisciplinary and Cross-national Perspectives*, D.C. Heath, Lexington Books, 1982.
[20] Vaughan, D., Toward understanding unlawful organizational behavior, *Michigan Law Review*, 80 (1982), pp. 1377-1402; du même auteur, *Controlling unlawful organizational behaviour*, University of Chicago Press, 1983.
[21] Wheeler, S. et Rothman, M.L., The Organization as weapon in white-collar crime, *Michigan Law Review*, 80 (1982), pp. 1403-1426.
[22] Merton, R.K., Social Structure and Anomie, *American Sociological Review*, octobre 1938, pp. 672-682.
[23] Cloward, R.A. et Ohlin, L.E., *Delinquency and Opportunity*, Glencoe, The Free Press, 1961.
[24] Schur, E., *Radical Non-Intervention, Rethinking the Delinquency Problem*, London, Prentice-Hall, 1973; Vérin, J., Une politique criminelle de non-intervention, *Revue de science criminelle et de droit pénal comparé*, 1974, pp. 398-406.
[25] Parker, J., Social Control and the Legal Profession, *in:* Wickman, P. et Dailey, T., *op. cit.*
[26] Horne, G., *Le code de bonne conduite de l'O.C.D.E. à l'égard des multinationales*, travail de fin d'études, Université de Liège, Ecole de Criminologie, 1982.
[27] Voy. le chapitre suivant, «L'homme d'affaires entre le droit pénal et la crise».
[28] Kramer, R.C., Corporate Crime: An Organizational Perspective, *in:* Wickman et Dailey, *op. cit.*
[29] Braithwaite, J., Enforced self-regulation: a new strategy for corporate crime control, *Michigan Law Review*, 80 (1982), pp. 1466-1507.
[30] Hebberecht, P., *De kriminologische Wetenschap en de Studie van de primaire Kriminaliseringsprocessen*, thesis, Gent, Rijksuniversiteit, 1984; du même auteur, Les processus de criminalisation primaire, *Déviance et Société*, 9/1, 1985, pp. 59-77.
[31] Haentjens, R.C.T., *De Ontwikkeling van een Strafbaarstelling, toegelicht aan de hand van het ontstaan van de Warenwet*, Meppel, Krips, 1978.
[32] Liebl, K., *Die Bundesweite Erfassung von Wirschaftstaten nach einheitlichen Gesichtspunkten*, Freiburg-im-Breisgau, Max-Planck Institut, 1984.
[33] *Ibid.*
[34] Aubusson, B. *et al.*, *Le pénal en première ligne et en dernier ressort*, Paris, CESDIP, 1984; Robert Ph., Au théâtre pénal, Quelques hypothèses pour une lecture sociologique du «crime», *Déviance et Société*, Genève, 1985 (9/2), pp. 89-105.

[35] Lascoumes, P., La C.O.B.: entre magistrature économique et gestion du droit des affaires, *Déviance et Société* (Genève), 9/1, 1985, pp. 1-30.
[36] Kellens, G., *Banqueroute et banqueroutiers*, Bruxelles, Dessart et Mardaga, 1974.
[37] Kellens, Crise économique et criminalité économique, *op. cit.*.
[38] Nagel, I.H. et Hagan, J.L., The sentencing of while-collar criminals in federal courts: a socio-legal exploration of disparity, *Michigan Law Review*, 80 (1982), pp. 1427-1456.
[39] Braithwaite, Enforced self-regulation, *op. cit.*
[40] Von Hirsch, A., Desert and white-collar criminality: a response to Dr. Braithwaite, *The Journal of Criminal Law and Criminology*, 73/3 (1982), pp. 1164-1175.
[41] Ziegler, J., *Retournez les fusils!, Manuel de sociologie d'opposition*, Paris, Seuil, 1980.
[42] Spencer, J.C., White-Collar Crime, *in* Grygier, T., *éd.*, Criminology in transition, London, Tavistock, 1965, et *in*: Geis, G., *éd.*, *White-Collar Criminal*, New York, Atherton Press, 1968, sous le titre: A study of incarcerated white-collar offenders.
[43] Szabo, La criminalité d'affaires, *op. cit.*
[44] Hebberecht, *op. cit.*
[45] Ambler, E., *Send no more roses*, 1976, en traduction française: *N'envoyez plus de roses*, Paris, Seuil, 1984.
[46] Barnett, H.C., Corporate Crime, *Crime and Delinquency*, January 1981, pp. 4-23.
[47] Waquet, J.C., *De la corruption, Morale et pouvoir à Florence aux XVIIe et XVIIIe siècles*, Paris, Fayard, 1984.
[48] Ziegler, J., *Les rebelles, Contre l'ordre du monde*, Paris, Seuil, 1983, 1985.

Chapitre 10
L'homme d'affaires entre le droit pénal et la crise

1. La délinquance d'affaires sous la loupe

Si l'utilisation du système économique pour commettre des fraudes relève d'une perspective criminologique traditionnelle, la notion de pratiques normales à l'égard des différents partenaires composant l'entreprise (personnel ou actionnaires), à l'égard des concurrents ou des clients, à l'égard du public en général ou du régime économico-politique relève davantage de la conception du système économique lui-même et de la manière dont les affaires doivent être menées : ainsi, le principe théorique d'une économie concurrentielle va impliquer la limitation de la concentration de la puissance économique, dont on peut redouter qu'elle permette d'imposer trop facilement ses conditions aux concurrents et aux clients.

La caractéristique principale de la délinquance d'affaires a été moins sa nature ou sa définition que son traitement : Sutherland, qu'on ne peut manquer de citer en tête d'une étude de criminologie des affaires, avait surtout été attiré par cet aspect d'évitement des voies de contrôle classique de la délinquance : si l'on excepte des infractions très traditionnelles comme la banqueroute, conçue depuis le Moyen Age des villes marchandes comme une infraction très grave méritant l'exposition publique et l'exil, l'essentiel des irrégularités en affaires est corrigé plutôt que réprimé, et s'il est réprimé, évite le spectacle pénal pour emprunter plutôt des voies administratives.

Dans un contexte de crise économique, on peut se demander si la délinquance des affaires fait l'objet d'un traitement plus sévère de la part des Parquets, et si le milieu des affaires, dans ce même contexte d'économie plus difficile, perçoit le droit pénal comme un allié souhaitable contre les pratiques des concurrents, ou comme une insupportable entrave au dynamique des affaires. Il est de bon ton, dans le domaine des affaires, d'en appeler à la répression, autant qu'il est «dans le vent» de souhaiter que l'on réfléchisse en termes de décriminalisation la délinquance ordinaire. Nous nous proposons de voir ici si cette mode est suivie par les Parquets et les milieux d'affaires.

2. La course aux armements

Qu'il s'agisse d'une crise conjoncturelle comme la crise des années trente, ou, comme l'a dit Touraine, d'une «crise de la crise», c'est-à-dire d'un bouleversement beaucoup plus profond annonçant des changements des structures économiques et mentales[1], les transformations économiques que nous connaissons depuis une dizaine d'années ont été l'occasion de multiples «législations de crise», regroupant dans de vastes «mammouths» législatifs des dispositions très disparates et introduisant dans l'arsenal des pouvoirs publics des moyens de contrôle et de répression accrus.

Parmi les nouveautés les plus notables, on relèvera, pour la Belgique, l'instauration progressive, depuis 1975, d'un plan comptable minimum normalisé et de comptes annuels donnant, conformément aux Directives de la Communauté économique européenne, une certaine transparence financière à l'entreprise, et d'autre part la concentration, dès 1980, de l'exercice de l'action publique en matière de fraude fiscale, entre les mains du Parquet, et l'aggravation considérable, en 1981, de l'arsenal du droit pénal dans ce domaine[2].

Le problème, souligné notamment par Mme Delmas-Marty[3] est cependant de connaître l'effectivité de ces normes, c'est-à-dire la mesure dans laquelle elles sont effectivement appliquées. Les données dont on dispose permettent d'affirmer que ces mesures draconiennes sont essentiellement dissuasives et qu'en réalité la partie entre le Ministère public et les entreprises va se jouer sur deux plans: le spectacle pénal dans le cas de «scandales» ou dans des secteurs bien délimités et aisément prouvables; et, pour le surplus, les mesures de droit économique et financier, qui adoptent volontiers le secret de la diplomatie. Des périodes de resserrements des possibilités économiques se traduiraient plutôt par une aggravation de la répression de la délinquance ordinaire, et par une tolérance plus grande de la délinquance des affaires, qui paraît plus inévitable et moins importante en regard du résultat à atteindre.

3. L'exemple

En vitrine de la répression, on trouvera essentiellement quelques «scandales» qui n'ont pas pu être arrêtés, ou qui ont été déclenchés par l'un ou l'autre concours de circonstances.

Ce seront des affaires de ce type qui seront l'occasion de batailles de procédure et qui permettront différentes clarifications des conditions dans lesquelles une instruction peut être menée et une poursuite engagée: ainsi, une controverse importante est-elle née, depuis le début des années quatre-vingt, à propos de la possibilité pour le juge d'instruction de faire appel à des fonctionnaires administratifs, et notamment de se faire accompagner, lors des perquisitions, par des fonctionnaires de l'Inspection spéciale des impôts.

Comme l'écrit le conseiller d'Etat Martens, «ces pratiques posent des problèmes dans la mesure où elles mélangent les procédures judiciaires et administratives alors qu'elles n'ont pas les mêmes finalités et n'offrent pas les mêmes garanties»[4]. «En revanche, écrit le même auteur, tant qu'il n'y aura pas de magistrature économique, les juges d'instruction devront recourir aux fonctionnaires compétents, faute de quoi ils renonceraient à toute efficacité en matière de délinquance économique et devraient borner leur activité aux secteurs de la délinquance naïve, ce qui reviendrait à méconnaître le principe de l'égalité devant la répression, qui est un des aspects de l'égalité devant la loi». «La multiplication des contrôles, ajoutait-il encore, ne se limite d'ailleurs pas à la criminalité en col blanc: à côté des inspections fiscales et économiques, on relève vingt-quatre inspections sociales, dont certaines s'attachent à contrôler la vie privée des allocataires sociaux, et plus particulièrement des chômeurs. Il s'agit donc d'un vaste problème qui concerne, d'une manière générale, les limites imposées par les libertés au regard de plus en plus indiscret posé par le pouvoir sur le citoyen»[5].

Ces affaires retentissantes sont donc l'occasion de rediscussions fondamentales de principes juridiques. Elles animent également des campagnes de presse en sens divers. Ainsi l'hebdomadaire *Pourquoi Pas?* titrait-il récemment: «Fiscalité: la Belgique au trou!» et annonçait-il en sous-titre: «Citoyens, célèbres ou non, hommes politiques, industriels, administrateurs, comptables, employés, sportifs, nous sommes tous, aujourd'hui, susceptibles d'être traînés, menottes au poing, devant le juge d'instruction pour interrogatoire. Et quel interrogatoire!»[6].

A côté de ces affaires exemplaires, qui prennent souvent une dimension politique et mobilisent de nombreuses énergies, le contentieux courant d'une section économique et financière de parquet est rarement proactif: l'essentiel des affaires traitées par le parquet seront dues à la vigilance de fédérations d'entreprises (qui dénonceront, par exemple, le travail sans autorisation d'accès à la profession), d'administrations (par exemple, les accises) ou de services de police attachés au respect de l'un ou l'autre point bien précis de la réglementation. Parfois, une plainte pénale d'une entreprise n'aura d'autre objectif que d'assurer le succès d'un procès civil ou social concomitant.

Le centre de l'activité des sections économiques et financières reste la poursuite des vaincus: ceux qui ont enregistré un échec dans leur entreprise et sont poursuivis du chef de banqueroute. *Vae victis!* Après coup, la qualité du risque qu'ils ont pris en affaires va être apprécié, et la comptabilité décortiquée, à la lumière crue de l'échec. Comme «tout failli s'avère pratiquement banqueroutier», «entre la tentation de la paresse ou de l'impuissance qui consiste à ne jamais poursuivre et celle du raisonnement simpliste qui consiste à poursuivre systématiquement, le choix lucide d'une politique criminelle s'impose; on peut d'ailleurs deviner que c'est en fonction de celle-ci que, finalement, le nombre de poursuites peut augmenter ou diminuer, de façon somme toute artificielle»[7]. En ce qui concerne les banqueroutes simples pour aveu tardif de la faillite, les critères de gravité retenus par les parquets sont essentiellement «la rapidité avec laquelle est survenu l'échec commercial, l'importance de celui-ci et du retard avec lequel l'aveu de la cessation des paiements a été fait»[8].

Les Parquets sont conscients que «d'une manière générale, la dissuasion résulte davantage de poursuites régulières que d'éventuelles condamnations exemplaires» et qu'ainsi «la politique du Parquet devrait être, autant que faire se peut, d'assurer au citoyen la certitude d'un contrôle plutôt que celle de la répression au sens strict»[9]. Cette orientation ne trouve cependant une certaine réalisation que dans le domaine de la banqueroute. Une réorganisation des Parquets pourrait assurer la même généralisation du risque pénal dans les différents domaines fiscaux et dans la surveillance des bilans. Encore la question se pose-t-elle de savoir si la répression ajoute quelque avantage à l'utilisation des autres ressources du droit: sans doute l'action des Parquets devrait-elle être surtout d'épauler certaines administrations, économiques et fiscales, par exemple, dans leur souci de correction des affaires et de redressements fiscaux, sans ajouter la dimension, largement inutile, de la répression pénale.

Sur le plan statistique, un volet de notre recherche porte sur les entrées de sections économiques et financières de plusieurs Parquets et sur le traitement de ces affaires. Vingt-trois rubriques ont été distinguées, en accord avec les magistrats participant à la recherche, MM. Close, Mathieu, Spirlet et Steffens: 1. sociétés fictives; 2. comptabilité des entreprises; 3. comptes annuels des sociétés; 4. faux bilans; 5. banqueroutes; 6. prix barrés, ventes en liquidation; 7. publicité mensongère; 8. ventes à pertes, offres conjointes, ventes en boule de neige; 9. usages contraires à l'honnêteté commerciale; 10. hausses de prix; 11. prix anormaux et prix imposés; 12. tromperies; 13. travail frauduleux; 14. fraude fiscale; 15. douanes; 16. infractions boursières et bancaires; 17.

urbanisme, établissements dangereux; 18. pollution; 19. corruption; 20. chèques; 21. commerce ambulant; 22. registre du commerce; 23. infractions aux interdictions professionnelles.

Pour chaque dossier, c'est l'incrimination qui apparaît *prima facie* qui a déterminé son rangement dans telle ou telle rubrique. A propos de chaque dossier, on a distingué l'origine (poursuite d'office à l'occasion d'une affaire civile, commerciale ou pénale; plainte d'un particulier ou d'un organisme) et le traitement intervenu: classement sans suite (soit parce que le fait n'est pas établi, soit parce qu'il est inopportun de poursuivre, notamment parce que la partie préjudiciée est indemnisée, soit parce que l'auteur est resté inconnu, soit parce que l'action publique est éteinte, soit parce qu'une «transaction» est intervenue à l'initiative du Ministère public, soit encore en raison de l'incompétence); ou bien transmis au juge d'instruction, renvoi correctionnel sur ordonnance (c'est-à-dire sans instruction), citation directe; ou enfin jugement.

Ce classement fastidieux, apparemment simple, se heurte à de nombreuses difficultés de recueil et d'interprétation. Un aspect général des poursuites dans un grand Parquet peut être trouvé, dès à présent, dans les statistiques du Parquet de Bruxelles, dont certaines années récentes ont été reproduites dans une étude de Bosly et Spreutels[10].

4. La diplomatie secrète

Le monde des affaires est très sensible à la publicité. Les procédures pénales font dès lors partie des armements stratégiques, qu'il faut avant tout garder en vitrine, pour assurer la dissuasion.

Les précautions contre les abus et, s'ils se commettent néanmoins, les menaces de sanctions et les sanctions économiques discrètes sont beaucoup plus adaptées à la marche des affaires que le tam-tam de la répression. Le risque de publicité, entre les mains notamment des associations de consommateurs, est suffisamment sérieux pour assurer le succès de cet arsenal de sanctions visant à l'efficacité[11].

Paradoxalement, ces dernières années, alors que le mouvement de «décriminalisation» faisait réfléchir à l'usage du théâtre pénal dans tous les incidents de parcours de la vie en société[12], les spécialistes de la délinquance économique revendiquaient généralement une extension de la répression, sinon en nombre d'incriminations, déjà trop élevé, du moins en effectivité de l'application sévère des normes.

Il me paraît tout au contraire que le terrain économique est l'un de ceux — à côté du contentieux familial par exemple — qui ont le plus clairement montré les limites du droit pénal et incité à un recours plus pondéré à toutes les sanctions susceptibles de provoquer le déclassement d'un individu. L'emprisonnement ou l'amende n'ajoute rien au rejet professionnel ou à l'indemnisation.

Le souci de la primauté de l'objectif économique sur l'objectif sanctionnateur est parfois très formalisé : ainsi la loi de 1960 sur la protection contre l'abus de puissance économique prévoit-elle un avis préalable d'une juridiction administrative, le Conseil du contentieux économique, qui lie le Ministre si l'avis est négatif, mais lui laisse le choix, s'il est positif, d'adresser aux parties une sommation, suivie, soit d'un accord, qui est publié, soit d'une confirmation par lettre recommandée. Ensuite, en cas d'inexécution, un arrêté royal motivé peut ordonner la cessation de l'abus, et ce n'est que l'infraction à cet arrêté de cessation qui constitue une infraction punissable pénalement. Dans la pratique, les arrêtés de cessation ont été extrêmement rares et sont d'ailleurs intervenus très longtemps après les faits. Il est vrai que la Commission des Communautés européennes dispose d'autres pouvoirs plus drastiques dans des cas analogues[13].

Une énumération pourrait être faite de procédures semblables, qui évitent largement le circuit pénal. Ainsi la Commission bancaire peut-elle recommander la suspension de l'émission de titres par une entreprise durant trois mois et, en cas de non-respect de cette recommandation, publier cette recommandation au journal officiel. Depuis 1935, il n'y aurait jamais eu de publication semblable. Nous sommes ici au cœur de ce que Sutherland appelait le *white-collar crime*, et qu'on appellerait mieux, aujourd'hui — par opposition au comportement individuel dans une entreprise et contre les intérêts de celle-ci — le *corporate* (ou *organizational*) *crime* (ou mieux *lawbreaking*): l'ouvrage de Sutherland recomposait, pour l'essentiel, le casier administratif d'une série de sociétés américaines, dont la récente édition de *White Collar Crime* fournit d'ailleurs les noms [14]. Alors que dans certains droits continentaux, le principe *societas puniri non potest* s'oppose, dans une certaine mesure, à la mise en cause d'entreprises au pénal, en droit administratif et économique, une procédure peut sans aucun problème concerner une entreprise comme telle et non ses organes ou préposés.

C'est la divergence des conceptions des administrations économiques et des Parquets qui explique surtout leurs rares contacts. Ce qui importe à une administration, c'est que la législation soit respectée à l'avenir ou qu'une situation passée soit corrigée au vœu de la législation. Ce n'est pas d'appliquer la loi au passé en sanctionnant une faute et en infligeant une peine. Ainsi, par exemple, l'Inspection générale économique souhaitera-t-elle qu'à l'avenir tel commerçant affiche correctement ses prix, plutôt que de sanctionner des manquements passés. Et les rapports constatant les infractions seront plutôt acheminés vers le Ministre des affaires économiques que vers le Ministère public.

Parfois le Parquet entend lui-même être un organisme préventif et procède-t-il, par exemple, au dépistage des entreprises en difficulté, en collaboration avec les services d'enquêtes de tribunaux de commerce. Il constitue de cette manière, *in tempore non suspecto*, des dossiers qui, en cas de faillite, contiendront tous les éléments de la répression. La prévention rejoint ainsi la répression. Trop bien même, car les recommandations que le parquet sera amené à faire à l'entreprise n'engagent pas, jusqu'à présent, la responsabilité de la puissance publique, et ne sont pas retenues par les tribunaux comme un argument de défense au moment de la poursuite du chef de banqueroute.

5. La majorité silencieuse

Quelques-uns émergent et se retrouvent au prétoire, les uns de manière tonitruante, les autres, comme la plupart des inculpés, de manière pitoyable. Les «bons citoyens» observent, mais n'en pensent pas moins. Comment perçoivent-ils ces organismes qui les guettent, non pour les aider, mais pour les punir, en cas de faux pas? Comment leur apparaît la norme sanctionnatrice que ces organismes pourraient demander à un tribunal pénal, de leur appliquer? L'enquête que nous avons réalisée auprès d'un certain nombre d'hommes d'affaires était destinée à nous éclairer sur ces questions[15].

Trente personnes ont été interrogées. Parmi elles, une seule femme. Pour la plupart, une formation juridique, complétée de connaissances en économie, en comptabilité ou dans d'autres disciplines. Quatre personnes travaillent dans le secteur de l'alimentation et des grandes surfaces, sept dans de grandes entreprises, huit dans le secteur des banques, des assurances et du change, l'un est réviseur d'entreprises, six travaillent dans le secteur des petites et moyennes entreprises, quatre dans des fédérations d'entreprises et dans une chambre de commerce. Parmi eux, dix étaient également juges consulaires ou sociaux, ce qui leur donnait une connaissance de l'application du droit des affaires, en ses aspects non pénaux. Sur le plan géographique, la population était essentiellement bruxelloise et wallonne[16].

La synthèse a été réalisée à partir de notes d'interviews, retranscrites le jour même et communiquées à l'interviewé pour corrections: cette technique assurait la fidélité du texte par rapport à l'idée de l'interviewé, mais permettait à celui-ci de gommer certaines expressions fortes que nous avions, en revanche, pu retenir dans d'autres enquêtes, réalisées par entretiens de groupes. Enfin, la trajectoire des entretiens a été corrigée d'entretien en entretien afin de percevoir un maximum de choses au détriment peut-être d'une stricte homogénéité de technique. Les entretiens, souvent difficiles à obtenir dans des agendas d'hommes d'affaires surchargés, ont duré entre trente minutes et deux heures, avec une moyenne d'une heure quinze.

Le matériel obtenu a été relativement riche, et peut être exploité de différentes manières.

Nous négligerons ici ce qui, dans le matériel analysé, relève de la perception technique du juriste, et représente la vision de dysfonctionnements du droit et les suggestions qui ont pour but d'améliorer la qualité de l'élaboration légistique et de l'application pratique du droit. Une partie importante des données concernent en effet les critiques du droit pénal des affaires et peuvent être utiles au travail législatif ou pré-législatif, notamment dans des commissions de réforme du droit. Les reproches sont adressés à l'inflation pénale; à la multiplication de législations de circonstance négligeant l'abrogation des dispositions désuètes; au manque de principes généraux; à la rédaction en termes vagues, qui supprime à la loi pénale sa prévisibilité; à l'objectivation des poursuites, qui sont dirigées vers une responsabilité sans faute; à l'omniprésence de sanctions standardisées et excessives; aux problèmes posés par l'imputabilité des infractions au sein d'une entreprise voire à la société elle-même.

Tout cela, sans aucun doute, présente un vif intérêt pour un travail juridique, mais, sous ce filet pénal, nous avons retenu surtout ce qui pouvait être l'expression du monde des affaires lui-même et de sa perception de sa position par rapport au droit et aux organes chargés de le mettre en œuvre. Notre lecture fait émerger trois pôles de préoccupations de l'homme d'affaires. Nous les décrirons ci-après, montrant d'abord les relations qui s'établissent entre le monde des affaires et le monde des poursuites; montrant ensuite la vision dichotomique que l'homme d'affaires a des gens honnêtes et des escrocs; situant enfin l'idéal de l'homme d'affaires dans l'organisation spontanée du contrôle de la normalité et du respect de la loi au sein de sa propre entreprise.

6. Dépossession

Si le titre de ce chapitre pourrait évoquer deux «mondes» différents en guerre, c'est plutôt d'une guerre froide qu'il s'agirait, entre mondes qui s'ignorent avec méfiance.

La première image qui apparaît est celle d'un contrôle inadéquat. Il est question d'antinomie entre l'économique et le pénal. Ce qui relève du contractuel (et notamment la concurrence) devrait être exclu de la pénalisation. La réglementation est devenue anti-économique. Les entreprises meurent des craintes qui se cumulent. Le pénal tue la volonté d'entreprendre. C'est un frein au dynamisme. On pénalise celui qui est audacieux. Les tracasseries administratives se multiplient. Il vaudrait encore mieux que les fonctionnaires ne fassent rien et soient payés pour ne rien faire. Il faut des autorisations pour tout, ce qui force parfois à faire des faux rapports. Les sanctions sont énormes : on hésitera donc à les appliquer. Et le juriste d'entreprise se désole de n'avoir plus le dernier mot en invoquant le risque pénal : le juriste d'entreprise n'arrête plus le dirigeant, et l'on viendrait d'ailleurs à s'en méfier, car le Parquet ne reconnaît aux communications du juriste au dirigeant d'entreprise aucun caractère de confidentialité : le secret professionnel n'existe pas vis-à-vis du Parquet, et le juriste serait, sans le vouloir, un personnage accablant. Que le droit pénal limite le « feu de l'action », passe encore. Mais le droit pénal doit diminuer sa rigueur en cas de crise économique. Il faut trouver un équilibre entre la rentabilité économique et la rigueur pénale.

Toutes ces formules donnent l'image d'un frein inadéquat, dont on finit d'ailleurs par ne plus tenir compte. Comme il n'est pas possible de ne pas commettre d'infractions pénales, on commence par en commettre de bonne foi, parce qu'il est difficile de savoir si on ne commet pas une infraction ; on prend l'habitude de travailler à la limite de ce que la loi permet. On fait ce qu'on veut. Cela devient presque un sport, et ceux qui respectent la réglementation sont lésés. Il faut tout de suite noter — nous y reviendrons plus loin — que ce genre de perceptions pourra différer fortement d'un secteur d'activité à un autre, des contacts effectifs que l'on a avec le pénal, et de sa qualité éventuelle de magistrat assesseur. Mais ce qui apparaît plus fondamentalement, sous cette première impression de jeu du chat et de la souris, c'est la perception d'un rapport de forces intolérable, d'une relation de pouvoir, d'une perte de contrôle, d'une dépossession au profit des administrations et du Parquet. « Le monde des affaires a dû se plier au monde judiciaire », et sa respectabilité en est atteinte. Les juridictions pénales sont « un autre monde ». Les hommes d'affaires sont « bousculés » par le Parquet. Il est déjà anormal que le monde des affaires n'intervienne pas dans la préparation de la loi. Il est plus anormal encore que cette loi inadéquate soit imposée par des organismes qui sont juges et parties, qui sont dans une position de chantage et ne laissent aucune possibilité de négociation. La corruption, dont l'existence est parfois affirmée (les «appels du pied évidents») représentent, d'une certaine manière, un rééquilibrage des pouvoirs. Certains estiment la corruption publique impossible dans leur secteur. D'autres nuancent, et parlent plus de *lobbying* que de corruption (le bon déjeuner). Si la réglementation est trop compliquée, il y a corruption. Ou, à tout le moins, il y aura moyen de s'arranger, au besoin avec l'intervention du politicien du coin. Et puis, s'il le faut — et c'est la dernière forme de rééquilibrage des pouvoirs —, on se laissera attraire en justice pour pouvoir discuter la loi. Confiance ultime dans l'arbitrage du juge, qui n'est pas un adversaire, mais l'image de l'indépendance. Même si parfois on n'est pas sûr de sa compétence.

7. Dichotomies

Un autre axe d'interprétation des préoccupations des hommes d'affaires est l'exigence de bien distinguer le bon grain de l'ivraie. Il y a les gens honnêtes, pour qui convient la prévention, et il y a les escrocs, pour qui le droit pénal est utile.

Pour les gens honnêtes, le droit pénal n'ajoute rien à l'efficacité des mécanismes naturels, économiques et professionnels. L'échec en affaires est une sanction en soi. Et, en dehors même de tout risque d'échec, le simple risque pour son image de marque retiendra l'homme d'affaires et le contraindra à des pratiques respectant l'intérêt général et pas seulement les intérêts privés. C'est une affirmation qu'on retrouve surtout dans les représentants des grandes surfaces, très sensibles aux analyses et aux campagnes des associations de consommateurs. La demande que l'on retrouve très largement exprimée, est que la loi aide avant de frapper. Ce qui veut dire que pour l'homme d'affaires honnête, l'ultime mode d'action doit être la prévention sous la forme de mises en garde discrètes par des commissions de contrôle.

Les escrocs, c'est autre chose. Il s'agit de s'en prémunir, et vis-à-vis d'eux les menaces de poursuites peuvent être utiles, voire les poursuites mêmes, mais alors des poursuites systématiques et pas seulement la mise au pilori de quelques cas exemplaires.

Mais le plus grand criminel en affaires, c'est l'Etat. C'est le fonctionnement de l'Etat — par exemple, l'impossibilité, naguère encore, de compenser une dette par une créance contre l'Etat — qui met les entreprises en difficultés et les accule à des audaces. L'homme d'affaires est pourchassé. Il n'a jamais raison. Si le droit est bien fait, la sanction n'est plus nécessaire. Il faut en revenir à la libre entreprise, laisser jouer la loi du marché, tout en exerçant une surveillance pour assurer le respect d'une certaine déontologie. Le respect des partenaires n'exclut pas une certaine malice. Mais les entreprises se surveillent mutuellement. Ce regard suffit dans certains secteurs d'activités à rendre l'infraction inimaginable et la menace de sanction inutile.

8. «Où peut-on être mieux...»

Dans l'opéra-comique *Lucile* de Grétry, quatre personnes s'époumonnent à célébrer en chœur les vertus du logis: «Où peut-on être mieux qu'au sein de sa famille»...

Le fond de la pensée de l'homme d'affaires semble être un peu cette idée de refuge sous l'autorité paternelle et bienveillante du chef d'entreprise. D'aucuns concèdent que la sécurité du travail n'est pas le premier de leurs soucis, et que l'intérêt général n'est pas leur raison d'être. Mais la loi elle-même impose aux entreprises des fonctions de contrôle (en pénalisant fiscalement, par exemple, les relations d'affaires avec des entrepreneurs non agréés, afin de limiter l'emploi de main-d'œuvre «en noir»). Elle déplace l'obligation de surveillance vers les particuliers. Le Parquet lui-même, lorsqu'il procède à une information, demande à l'entreprise elle-même de désigner en son sein le responsable. Indices de la fonction naturelle de l'entreprise à s'autoréguler, à exclure par le renvoi des brebis galeuses — sans autre publicité —, à s'imposer des codes de déontologie sans s'embarrasser de législations tâtillonnes, et sans avoir besoin du regard indiscret d'incompétents. Ainsi réentend-on les échos des luttes séculaires de l'homme d'affaires contre le pouvoir central et l'emprise de l'Etat[17].

9. L'autre bout de la lorgnette

La crise économique, qui était un élément de notre projet de recherche, apparaît peu dans notre enquête.

Des attitudes plus fondamentales des hommes d'affaires, sans relation particulière avec la conjoncture mais plutôt avec la structure économique, se sont fait jour.

Fondamentalement, le droit pénal des affaires est mal accepté par les milieux d'affaires, et cela se marque notamment dans leur perception de la notion même de délinquance des affaires.

Le premier sens dans lequel cette expression apparaît, désigne l'attaque de l'extérieur contre l'entreprise : vol de grand magasin, *hold-up*.

Le deuxième sens est celui de l'attaque contre l'entreprise, de l'intérieur, par l'un de ses préposés, notamment ce qu'on appellerait, lorsque ces préposés ont un certain statut, le «crime en col blanc» : corruption privée passive — que plusieurs interlocuteurs proposent d'ériger en infraction —, fraudes informatiques.

Dans son troisième sens, d'infraction pour les affaires, de délinquance dans la ligne de l'entreprise, pour faire des affaires, le traitement pénal paraît barbare et injuste. Le pénal, c'est l'absence d'imagination, c'est l'étranger indésirable. Le modèle rejoint largement celui de la décriminalisation. L'essentiel est de laisser faire la nature et d'encourager les mécanismes naturels de négociation et de dédommagement. Comme dans les autres domaines d'application de ce modèle, l'idée du retour aux sources séduit, mais inquiète aussi dans la mesure où il ne tient compte que de la puissance de l'Etat, et non des différences de forces entre individus ou entre entreprises. Seulement, cette idée rappelle l'existence de forces vives, que le droit pénal stérilise.

L'encouragement et l'arbitrage discret de la négociation et de l'indemnisation représentent certainement un modèle à généraliser[18]. Le droit pénal est fait pour n'être pas employé. C'est une vérité qu'il faut redécouvrir par la bouche des hommes d'affaires, au lieu de songer à introduire largement dans le secteur des affaires les erreurs du passé, en généralisant l'emprise d'un système pénal dont on a suffisamment dit qu'il a fait faillite.

La sagesse viendrait-elle des entreprises ?

NOTES

[1] Bawin, B., Pichault, F. et Voisin, M., éd., *La crise dans tous ses états*, Actes du congrès des sociologues belges de langue française de 1984, Faculté de droit, d'économie et de sciences sociales de Liège et Ciaco, Louvain, 1985; Kellens, G., Crise économique et criminalité économique, *L'année sociologique*, 29 (1978), pp. 191-221; Godefroy, Th. et Laffargue, B., Crise économique et criminalité, Criminologie de la misère ou misère de la criminologie?, *Déviance et Société*, 8/1 (1984), 73-100, Ponsaers, P., De Cuyper, R. et Van Outrive, L., Omtrent de beheersbaarheid van economische crisis-problemen: een wetenschap in crisis?, *Tijdschrift voor criminologie*, 23 (1981), pp. 236-248.

[2] Bosly, H.D. et Spreutels, J.P., Aspects actuels du droit pénal des affaires en Belgique, *Revue de droit pénal et de criminologie*, 63/1 (1983), pp. 27-66; Bosly, H.D. et Druetz-De Wispelaere, A.M., Répression pénale de la fraude fiscale, *Revue générale de fiscalité*, 81/10 (1981), pp. 195-207.

[3] Delmas-Marty, M., *Droit pénal des affaires*, 2ᵉ éd., T. I, collection Thémis, Paris, P.U.F., 1981; du même auteur, Rendre le droit pénal des affaires plus dissuasif, *Revue de droit pénal et de criminologie*, 61 (1981), pp. 299-309; cf. Lascoumes, P., Sur quelques données de base et base de données en délinquance d'affaires, *même revue*, 60 (1980), pp. 995-1023; van de Kerchove, M., Médicalisation et fiscalisation du droit pénal: deux versions asymétriques de la dépénalisation, *Déviance et Société*, 5/1 (1980), pp. 1-23.

[4] Martens, P., Réveil ou déclin des droits de la défense en droit pénal économique, *Jurisprudence de Liège*, 90 (1983), pp. 540-546.

[5] *Ibid.*, p. 540.

[6] *Pourquoi Pas?*, n° 3.410 du 4 avril 1984.

[7] Close, F., Evaluation statistique des poursuites engagées à Liège, en 1982, du chef de banqueroute, *Jurisprudence de Liège*, 90 (1983), p. 528.

[8] *Ibid.*

[9] *Ibid.*, pp. 529-530.

[10] Bosly et Spreutels, *op. cit.*, pp. 58-59.

[11] Cf. Fisse, B. et Braithwaite, J., The impact of publicity on corporate offenders, dans la collection de Geis, G. et Newman, D.J., «Critical Issues in criminal Justice», Albany (N.Y.), State University of New York Press, 1983.

[12] *Rapport sur la décriminalisation*, Strasbourg, Conseil de l'Europe, 1980.

[13] Voy. Bosly et Spreutels, *op. cit.*, p. 47.

[14] Sutherland, E.H., *White-Collar Crime, The Uncut Version*, New Haven, Yale University Press, 1983; voy. Geis, G. et Stotland, E., *White Collar Crime, Theory and Research*, London, Sage, 1980; Geis, G., *On White-Collar Crime*, D.C. Heath, Lexington Books, 1982; Wickman, P. et Dailey, T., éd., *White-Collar and Economic Crime*, D.C. Heath, Lexington Books, 1982, et nos commentaires dans la *Revue de droit pénal et de criminologie*, 63 (1983), pp. 686-688.

[15] Cette enquête a été réalisée par Corinne Guidet, avocat au barreau de Namur.

[16] Guidet, C., *Le droit pénal vu par le milieu des affaires*, Université de Liège, Ecole de criminologie, 1984.

[17] Cf. Clinard, M.B., *Corporate Ethics and Crime, The role of middle management*, London, Beverly Hills, Sage, 1983.

[18] Cf. la notion de «chose réglée», à côté de la chose jugée»: Remiche, B., Réflexions sur la crise du contentieux économique, *Revue interdisciplinaire d'études juridiques*, 12 (1984), pp. 109-133.

Chapitre 11
Le crime dans l'ordre économique mondial

« ... je vais n'épargner personne sur ce point.
Mes yeux sont trop blessés, et la cour et la ville
Ne m'offrent rien qu'objets à m'échauffer la bile;
J'entre en une humeur noire, en un chagrin profond,
Quand je vois vivre entre eux les hommes comme ils font.
Je ne trouve partout que lâche flatterie,
Qu'injustice, intérêt, trahison, fourberie;
Je n'y puis plus tenir, j'enrage; et mon dessein
Est de rompre en visière à tout le genre humain».

Ainsi s'exprime Alceste, le «Misanthrope» de Molière.

A l'opposé, les «Principes directeurs relatifs à la prévention du crime et à la justice pénale dans le contexte du développement et d'un nouvel ordre économique international»[1], que le Conseil économique et social a fait adopter par le septième Congrès des Nations Unies pour la prévention du crime et le traitement des délinquants (Milan, août-septembre 1985) avant de les soumettre à l'Assemblée générale des Nations Unies, témoignent d'un optimiste confiant dans la nature humaine et l'humanité.

Chacun, à sa façon, veut croire à la nature humaine. Ainsi, il n'y a guère, les pénalistes belges avaient été ameutés par une instruction des Etats-Majors généraux, en vertu de laquelle il est permis à un officier de donner un ordre pouvant entraîner la perpétration d'un crime ou d'un délit, «s'il est établi que, dans les circonstances dans lesquelles il s'est trouvé, il ne pouvait agir autrement pour sauvegarder un intérêt vital pour la Nation». Pouvait-on, en présence d'un tel texte, «garder la foi en l'homme et faire confiance, encore et toujours, à la conscience des nations civilisées», suivant le commentaire du Ministre de l'époque? Leyens[2] ne le croit pas: à tout le moins au regard de la psychologie sociale, le postulat d'un homme profondément bon et raisonnable est un mythe.

A l'échelon international, Lopez-Rey[3] a montré que si les Nations Unies font leur possible pour définir des politiques criminelles, de nombreux gouvernements, même s'ils adoptent leurs recommandations sur le papier, les mettent rarement en œuvre. Il citait dans cette étude, comme un exemple privilégié, les *Règles minima pour le traitement des détenus* adoptées en 1955, et sa remarque a d'autant plus d'intérêt que le «Guide à l'intention des réunions préparatoires régionales et interrégionales du septième congrès des Nations Unies pour la prévention du crime et le traitement des délinquants» mettait ces «Principes directeurs» sur le même plan que les Règles minima, comme un ensemble de recommandations destinées à guider le droit interne et la pratique des Etats (n° 65, b).

Convient-il de taxer l'optimisme d'utopie? Faut-il lui opposer des arguments de réalisme prudent ou désabusé?

Nous allons tenter de répondre en trois temps: après quelques remarques préalables, nous examinerons d'abord les «nouvelles délinquances», puis les «nouveaux principes» qu'évoquent les documents préparatoires du congrès des Nations Unies.

1. Trois principes

Avant d'accepter l'invitation des Nations Unies à adopter une vision planétaire, il est prudent de se tenir à un certain nombre de principes. Pour l'heure, j'en retiendrai trois.

Premier principe: les questions pénales ne peuvent pas être isolées des réalités économiques et sociales dans lesquelles elles s'insèrent: il faut au contraire les intégrer dans une vision globale, holiste, du fonctionnement des sociétés. Cette nécessité d'une conception globale est très nettement affirmée dans le projet de Principes directeurs (n° 16): «La prévention du crime et la justice pénale ne doivent pas être traitées comme des questions isolées auxquelles il suffit d'appliquer des solutions simplistes et fragmentaires; ces domaines recouvrent en effet des activités complexes et diverses, qui exigent des stratégies cohérentes et des solutions d'ensemble». J'ai eu l'occasion de développer ce principe dans le chapitre 9, en matière de délinquance économique.

Deuxième principe, intimement lié au premier: il faut percevoir la réalité internationale dans sa diversité. Le rapport de la réunion préparatoire régionale pour l'Europe dit que «si tous les pays arrivaient à mettre en commun leurs expériences, ils contribueraient grandement à l'élaboration des nouveaux principes à formuler par le septième Congrès, en gardant présentes à l'esprit leurs différences économiques, politiques, sociales et culturelles» (n° 10). Le groupe africain a mentionné la remise en honneur des valeurs africaines traditionnelles (n° 14). Le groupe d'Asie occidentale insiste sur l'adéquation des normes de développement aux «besoins du peuple arabe», en ajoutant qu'il n'est pas rentable d'essayer de rattraper la société occidentale en copiant le développement industriel, avec les maux sociaux qui l'accompagnent, et d'adopter aveuglément ces valeurs comme modèle. «Si le progrès économique est nécessaire pour combler l'écart économique, ce serait une erreur de vouloir copier le modèle social étant donné la divergence des conditions culturelles» (n° 20). On croirait entendre Toffler et l'avènement de la «Troisième Vague»[4]: «La société se trouve à un stade de transition, les valeurs qui régissaient autrefois la communauté ont été secouées et, dans certains cas, ne sont plus valables» (n° 27). Il faut des moules de pensée nouveaux, adaptés à la diversité des cultures.

Troisième principe: la criminalité n'est pas une conséquence du développement. Le groupe Asie-Pacifique l'énonce nettement: «Les progrès socio-économiques et techniques ne (peuvent) pas être considérés comme une des principales causes de la criminalité. Bien au contraire, certains types de crimes (sont) favorisés par l'absence de réformes socio-économiques ou par un retard dans leur application. Dans des pays où d'importants progrès sociaux (ont) été réalisés, certaines formes de criminalité ont en fait reculé au cours des dix dernières années. En revanche, dans d'autres pays qui s'étaient fixé la croissance économique comme principal objectif et qui n'avaient accordé qu'une faible priorité aux problèmes sociaux, en général, et à l'ordre public et à l'administration de la justice, en particulier, on assiste à une augmentation de certaines catégories de crimes» (n° 12). Le même rapport mentionne que l'urbanisation et la migration sont souvent dues au fait que les ruraux sont plutôt «chassés» de leurs terres qu'«attirés» par les villes. Il cite des études dont il ressort que lorsque le développement économique (calculé en fonction du revenu par habitant) n'est pas accompagné d'un accroissement des taux de migration, d'urbanisation et de densité de la population, les taux de criminalité totale baissent. «Il appara(ît) donc que la corrélation existant entre la densité de population et le taux élevé de criminalité (doit) avoir d'importantes incidences sur l'aménagement rural et urbain du point de vue des mouvements de population, des politiques d'emploi, des établissements humains, de l'aménagement de l'environnement, de la création d'organismes sociaux et de la prestation de services sociaux» (n° 27).

Si la criminalité n'est pas une conséquence du développement, elle est cependant, dans une certaine mesure, un obstacle au développement, et un aspect du développement qui ne peut pas être dégagé d'une vision d'ensemble. Comme le dit le groupe d'experts d'Asie occidentale, pas moins maintenant que lors du Congrès de Kyoto en 1970, les experts en sciences criminelles éprouvent des difficultés à faire comprendre aux experts d'autres disciplines les dangers du développement et des mutations, «d'où l'incapacité à rattacher la prévention du crime à des politiques économiques et sociales plus larges» (n° 28). «Avoir ou être?», questionnait déjà Erich Fromm[5]. A côté des coûts économiques, les coûts moraux ont été bien soulignés par des auteurs comme Landreville. Le rapport latino-américain observe que le développement n'est pas simplement synonyme de croissance, mais doit aussi tenir compte d'autres facteurs sociaux tels que la santé, l'éducation, le logement, l'emploi, la répartition des revenus et la satisfaction de besoins humains fondamentaux, ainsi que d'autres aspects encore, tels la paix et la justice. Et d'en appeler à la nécessité d'aborder les nouvelles formes de criminalité dans le contexte d'un nouvel ordre économique international fondé sur les principes de l'autodétermination, de la non-ingérence et du respect du droit d'autrui (n° 19). Mais d'abord, il faut survivre: «Eu égard à la situation de nombreux pays en développement, des efforts devraient être déployés pour assurer le développement des économies nationales de telle sorte que ces pays puissent réellement améliorer leurs politiques et pratiques en matière de prévention du crime et de traitement des délinquants» (Amérique latine, n° 33).

2. «Nouvelles» délinquances

Certains rapports préparatoires, spécialement celui de l'Amérique latine, ont souligné le flou de la notion de «manifestations nouvelles de la criminalité» (n° 33, c).

En vérité, le seul élément qui unit les différents types de délinquances visés par les Nations Unies est qu'il s'agit de domaines contre lesquels le pouvoir se sent *désarmé*: si le système pénal classique traite avec une certaine efficacité la délinquance traditionnelle, essentiellement individuelle et largement prévisible, il est beaucoup moins armé face à des délinquances qui s'insèrent dans des organisations, surtout lorsqu'elles sont internationales, et plus encore lorsqu'elles utilisent des moyens atroces (comme la prise d'otages) ou sophistiqués (comme l'informatique).

Comme l'ont montré des auteurs comme Diane Vaughan[6], de Yale, les modèles criminologiques traditionnels ne peuvent pas fonctionner dans des domaines où des structures sociales génèrent continuellement et systématiquement une délinquance organisationnelle. «Par structure sociale, écrit-elle, je vise deux choses. D'abord, les caractéristiques stables de la société américaine qui constituent l'environnement des activités des entreprises: réseaux de relations sociales, lois, normes, groupes et institutions.

Et, d'autre part, les caractéristiques stables des organisations elles-mêmes: leur structure interne et leur mode de fonctionnement. Ce sont ces facteurs qui déterminent dans des organisations la tension à atteindre des buts par des voies illégales» et qui aussi contribuent à leur assurer une certaine immunité. Si l'on s'en tient par exemple à la structure des organisations complexes, on observera que des éléments comme la dispersion géographique, la compétition entre unités spécialisées, le secret engendré par la ségrégation des tâches, la perte progressive de contrôle sur les différents services, les «fuites» d'autorité, la dispersion de la responsabilité personnelle dans une structure hiérarchique, contribuent à rendre certains «intouchables» par la loi, ce qui n'est pas sans évoquer les structures du crime organisé. Un auteur comme Albanese[7], par exemple, à la lumière des témoignages de A. Carl Kotchian, président de la société Lockheed, et de Joseph Valachi, membre réputé de la Cosa Nostra, devant les commissions d'enquête sénatoriales américaines, a pu observer d'extraordinaires similitudes: ainsi, dans les deux cas, la loi élaborée à la suite de ces enquêtes ignora d'importants aspects de ces comportements organisationnels et manqua dès lors ses objectifs. Toutes ces analyses démontrent l'exigence d'un autre regard sur ces types de délinquance et spécialement l'utilité d'une théorie générale de l'organisation pour comprendre ces phénomènes et tenter de les juguler.

Les gouvernements ne sont pas en position dominante par rapport à de grosses organisations, mais en position d'interdépendance, ce qui les amènera souvent à réduire leurs exigences et à accroître ainsi encore le sentiment de relativité de la norme et d'impunité de l'entreprise. La frustration que le pouvoir peut à certains moments ressentir de cette situation suscitera ce que Marguerite Charlier[8], un magistrat de la Cour de cassation belge, a appelé les «tentations de la justice». Face à un phénomène qui vous échappe, la tentation sera forte de renoncer aux principes traditionnels de la justice pénale. Ainsi érigera-t-on en infraction l'«appartenance à la mafia», avec tous les dangers que comportent les incriminations vagues. Ainsi suggérera-t-on une diminution des exigences de preuve pour les délits économiques: cette tentation apparaît par exemple dans le projet de Principes directeurs (n° 9), qui sur ce point a attiré la juste critique du rapport latino-américain (n° 33, d). La difficulté de détection de la délinquance en matière de drogues créera la tentation de recourir à des moyens déloyaux de procédure, par exemple la provocation policière à commettre l'infraction. La volonté de reprendre le contrôle d'un secteur miné par la délinquance donnera la tentation d'accumuler des données: ainsi, alors que les auteurs du projet de Principes directeurs s'inquiètent de la prolifération de banques de données susceptibles de réduire à néant la vie privée (n° 35), par ailleurs ils appellent de leurs vœux une intégration, à mon sens excessive, du système pénal et des différents systèmes nationaux et locaux de planification et de coordination, ce qui ne peut aboutir qu'au recoupement de banques de données (n°s 20 et 21). La tentation est grande, dans un souci d'efficacité, de diminuer les garanties judiciaires, et par exemple d'autoriser la présence de fonctionnaires spécialisés, dans le domaine notamment du recouvrement des impôts, dans les cabinets d'instruction. Les «techniques novatrices» aux fins de détection, de poursuites, et de détermination des peines, évoquées par les Principes directeurs pour «relever les nouveaux défis», évoquent dangereusement les opérations «coup de poing» et les machines infernales de la «colonie pénitentiaire» de Kafka (n° 33). Les démocraties doivent trouver le difficile équilibre entre leur défense et leur autodestruction dans un souci de survie.

3. «Nouveaux» principes

De congrès en congrès, les Nations Unies veulent croire à la solidarité des nations face à la délinquance et spécialement aux nouvelles formes de délinquance. Se souvient-on que, dès ses premiers moments, l'Organisation des Nations Unies a mis la guerre hors la loi et qu'il en est résulté surtout un nouveau débat sur la guerre juste et injuste, sur la guerre d'agression et la guerre de défense, sur la guerre que les autres mènent et sur celle qu'on mène soi-même. Ce qu'on appelle délinquance dans un Etat est déjà le résultat d'un rapport de forces et d'importantes études criminologiques ont montré que le consensus sur lequel reposent les codes pénaux est largement une fiction. Lorsqu'on cherche, en matière de délinquance, à obtenir des unanimités internationales, on transpose les difficultés de la géométrie plane à la géométrie dans l'espace.

Sans doute, une certaine solidarité internationale peut être aisément trouvée, sur certains points, dans des groupes d'Etats qu'unissent différents intérêts : Marché commun, Comecon, Ligue arabe. Mais les fossés et les tranchées se creusent vite : dans les différents documents qui nous ont été soumis, et particulièrement le rapport latino-américain, les disparités entre pays développés et pays en développement sont dénoncées, le fossé qui se creuse entre les pays riches et les pays pauvres, et les tensions et conflits qui en résultent dans les régions et se traduisent notamment par des phénomènes de délinquance (n° 20). Les mécanismes économiques et politiques ne sont pas entièrement maîtrisables mais dans la zone des choix possibles, la survie et l'intérêt de chaque nation sera, à l'un ou l'autre moment, déterminant. Tel pays vivra de la culture du pavot, des paradis fiscaux, de l'intégration de la mafia dans le monde des affaires, du trafic de secrets d'Etat. Comment atteindre la corruption, lorsqu'une conspiration du silence unit corrupteur et corrompu dans un commun risque de poursuites. La corruption fleurira donc, et accroîtra encore le fossé entre le vain peuple et la *nomenklatura*, les «*rari nantes in gurgite vasto*», quel que soit le nom qu'on réserve à ces fractions parasites dans les différentes langues mondiales.

Les Principes directeurs, comme les projets de codes pénaux internationaux, ou de juridiction pénale internationale, qui y sont d'ailleurs évoqués (n° 38), procèdent d'une vision morale du fonctionnement de l'univers, qui n'est pas unanimement partagée. Le droit pénal est une forme de politique, et il n'est pas étonnant que, pour des phénomènes de quelque ampleur, on retrouve les mêmes blocages qu'au sein par exemple du Conseil de sécurité et les mêmes réticences qui naissent de l'activité de tribunaux d'opinion comme les tribunaux Russell. Le rôle des Nations Unies est d'être une force morale universelle et de vouloir oublier les divergences d'intérêts et les compromis. Peu importe, pour le rappel des principes, que certains pays soient des lieux de refuge en cas de déroutements aériens ; que, comme les rappelle le rapport latino-américain (n° 34), le terrorisme et le trafic de drogues trouvent parfois leur origine en dehors de la région; qu'entre deux maux, certains Etats soient amenés à composer avec le crime organisé, comme ce fut le cas, par exemple, à la fin de la deuxième guerre mondiale, lors du débarquement des forces alliées en Sicile. Les Nations Unies doivent rappeler les principes de survie du genre humain.

Mais ces principes se heurtent à une crise de légitimité. Il n'y a pas de légitimité universelle. Il y a des intérêts et des croyances en conflit. Même ce qu'on devrait considérer comme le noyau dur de l'humainement inacceptable, pour lesquels se battent toutes sortes d'organismes mondiaux, régionaux, ou indépendants comme Amnesty international, ne parvient plus à revêtir unanimement la forme des «droits humains»: comme l'écrit Haarscher[9], «tant le marxisme que le romantisme politique (et plus tard le fascisme) mettront en cause, dans l'idée des droits de l'homme, une idéologie individualiste, relative à une 'culture' (celle de la société capitaliste industrielle) et tâchant de se faire passer pour universelle». Les droits de l'homme sont encore dénoncés comme «ethnocentriques»: ils «relèveraient d'une conception individualiste liée à la société marchande, et l'on ne pourrait les transférer sur le terrain d'autres cultures qu'il faudrait comprendre à partir de leur «code», de leurs exigences globales». Haarscher a examiné ces critiques notamment à propos du problème de l'excision et des infibulations subies par des milliers de femmes africaines. «Suivant que l'on adopte la problématique (individualiste) des droits de l'homme ou la perspective (holiste) des 'spécificités culturelles', on aboutira à des jugements radicalement antagonistes: dans un cas, on condamnera une atteinte inacceptable à un droit essentiel de l'homme (ici, de la femme), le droit à la jouissance sexuelle; dans l'autre, on expliquera ces pratiques qui *nous* ('ethnocentriquement') apparaissent barbares par les nécessités liées à un certain 'code culturel'».

Si les droits de l'homme sont controversés en tant que valeur universelle, que dire alors de valeurs plus matérielles comme le secret bancaire, qui pourra être perçu par les uns comme une garantie essentielle de la vie privée, et par les autres comme un obstacle majeur à la lutte contre la délinquance économique (rapport du groupe africain, n° 12). La protection contre les négligences criminelles, exigée à juste titre par le texte des Principes directeurs (n° 7), sera-t-elle perçue comme une exigence semblable à demeure ou dans des installations lointaines? Dans la ligne du principe que les «pollueurs» devraient être les «payeurs», suivra-t-on unanimement le vœu du groupe africain que les sociétés transnationales, responsables, en partie au moins, de l'augmentation de la criminalité dans la région, contribuent aussi à la lutte contre ce fléau (n° 11)? Le vol d'œuvres d'art et d'objets faisant partie du patrimoine culturel national, comme les actes de piraterie commis à l'encontre de réfugiés de la mer, apparaîtront comme une préoccupation grave de certains groupes et pas d'autres (Asie-Pacifique, n° 16). La criminalité de résistance (du Peuple palestinien, par exemple) suscitera encore davantage de réticences.

Les Nations Unies peuvent certes développer une mauvaise conscience, par exemple des pays du nord par rapport aux pays du sud, ou des puissances nucléaires par rapport aux dangers qu'ils créent. Ce ne sera cependant jamais qu'une conscience à deux vitesses, la vitesse lente étant embranchée dès que ses propres intérêts ou ses propres valeurs sont concernées. Les Nations Unies peuvent aussi encourager les tactiques rendant plus difficile l'accès à l'objet du crime (*target hardening*), réduisant la fréquence des occasions de délit et rendant difficile leur mise en œuvre (Principes, n° 17). Ainsi le groupe africain évoquera-t-il le blocage des avoirs en cas de prise d'otages (n° 12), ce qui correspond à une pratique largement suivie en Italie. Ces procédés ne changeront cependant rien de fondamental si les mécanismes de pouvoir et les rapports de forces ne sont pas changés.

Je voudrais insister sur les pièges de la sémantique: souvent un accord apparent se fera sur des notions auxquelles les différentes parties attribuent un sens opposé. Ainsi par exemple de la conception même de la délinquance. Est-elle, comme l'affirment les Principes directeurs (n° 6), inhérente à toutes les sociétés — ce qui correspond à la perspective fonctionnaliste —, ou bien est-elle, comme l'affirme une partie du groupe européen, socialement conditionnée, si bien qu'une fois disparus les antagonismes de classe fondés sur l'exploitation de l'homme par l'homme, la criminalité disparaîtrait (n° 11) — ce qui est la position marxiste: de la deuxième position, les pays socialistes d'Europe de l'est semblent fort bien se porter, puisqu'à les entendre, la criminalité dans leurs pays diminue constamment (Europe, n° 38, b). Aura-t-on de la justice, de la liberté, de la solidarité, en revanche, une vue homogène? Désignera-t-on la même chose lorsqu'on en appellera à une plus grande cohérence et à une plus grande rationalité de la justice (Principes, n° 20)? Le rapport du séminaire d'Helsinki de mai-juin 1984 ne semble pas l'indiquer. La guerre elle-même, appréciée dans certains cas malgré sa condamnation de principe, ne se réduit-elle pas à l'interdiction de certains moyens de guerre, et à son tour cette interdiction ne reçoit-elle pas des interprétations très variées?

Mais trêve d'objections qui portent sur le fondement même de l'action des Nations Unies. On rappelle souvent dans nos pays la devise de Guillaume le Taciturne, qui n'exigeait pas d'espérer pour entreprendre, ni de réussir pour persévérer. Il faut certes encourager les Nations Unies à «vouloir y croire».

Il reste que certaines conceptions des moyens à employer dans une politique criminelle doivent être remises en cause.

Face aux formes nouvelles de criminalité, le danger existe de vouloir transposer purement et simplement le système pénal classique, par une sorte de «retournement des fusils» auquel nous convient des auteurs comme Ziegler[10]. Les Principes directeurs n'échappent pas à cette tendance: «Afin — lit-on au n° 8 — de renforcer l'effet préventif que devrait avoir l'instauration du nouvel ordre économique international, il est indispensable de prévoir une pénalisation plus équitable des délits ayant des incidences économiques. Il faudrait en particulier s'attacher au maximum à améliorer les politiques et les pratiques en matière de condamnations, en vue d'éliminer toute disparité injustifiée entre les peines sanctionnant les délits relevant des atteintes traditionnelles au droit de propriété et celles qui sanctionnent les nouveaux délits économiques, qui affectent de vastes secteurs de la population». Les peines prononcées ne s'adressent qu'à une très petite partie des délinquants économiques, préalablement terrassés et que la peine contribue à noyer complètement. Pour ces peines, différents auteurs, comme Nagel et Hagan[11], ont montré que les disparités affirmées étaient largement mythiques. Reste l'effet intimidant accordé à la loi pénale. Là encore, différentes études, comme celle que j'ai évoquée au chapitre 10, indiquent que pour l'homme d'entreprise le pénal apparaît comme une menace gratuite et inadéquate dont on n'a pas le loisir de tenir compte, ce qui veut dire que les efforts les plus utiles doivent se porter sur la prévention et l'utilisation de recommandations et d'injonctions par des organismes de contrôle travaillant dans une logique économique et non pas pénale. Les Principes directeurs reflètent d'ailleurs partiellement ce souci, en indiquant en leur point 11 que «si les peines prévues actuellement ne sont pas adaptées à la fréquence et à la gravité des délits économiques et des délits connexes, il faudrait prévoir de nouvelles peines ou mesures susceptibles de prévenir plus efficacement ces délits».

Il ne faut pas chercher un progrès dans l'élargissement du pénal, mais au contraire s'inspirer dans les infractions classiques d'un système de négociation, d'indemnisation et de prévention qui montre une certaine efficacité dans le domaine de la délinquance économique: lorsqu'il y a une victime, elle souhaite surtout qu'on s'occupe d'elle, qu'on la prenne au sérieux, qu'on l'indemnise et que pareils incidents dommageables ne se reproduisent plus. Ce n'est que l'intervention du processus pénal et la paralysie que cette intervention donne aux autres mécanismes, qui crée chez la victime un désir de vengeance et de peine. Mais cela ne veut pas dire qu'il faut négliger cette délinquance classique, comme le laisserait entendre le rapport du groupe européen: dans le souci de redéployer efficacement le système pénal en l'orientant vers les affaires les plus graves, il estime qu'il faudrait redéfinir des priorités dans la criminalisation secondaire, et qu'il faudrait «peut-être prêter moins d'attention à la délinquance traditionnelle, puisque la gravité et le coût des délits économiques modernes avaient été sous-estimés» (n° 14). C'est négliger l'impact psychologique majeur des infractions de violence personnelles: certains rapports (par exemple celui de l'Asie occidentale, n° 29) ont insisté sur la gravité du sentiment d'insécurité, qui précisément s'alimente de nouvelles et de rumeurs relatives à une criminalité de violence banale et non des catastrophes écologiques ou des fraudes financières.

De même, lorsque les Principes directeurs prônent l'instauration d'une responsabilité pénale propre des sociétés, d'ailleurs accueillie très diversement par les différents groupes régionaux (n° 10), ce n'est pas un élargissement de la pénalisation que cette innovation devrait impliquer, mais sa recentration: dans le cas par exemple d'une catastrophe technique, comme la rupture d'un barrage ou l'affaissement de terres par suite d'infiltrations d'eau, au lieu de rechercher à tout prix un responsable individuel qui deviendra une sorte de bouc émissaire, il devrait être possible d'obtenir une indemnisation et des assurances pour l'avenir, de l'entreprise de l'activité de laquelle résulte objectivement le dommage. Mais il n'est nul besoin d'ajouter à une responsabilité individuelle établie une responsabilité pénale collective fictive: seule une couverture de responsabilité civile du dommage par la société devra assurer l'indemnisation des victimes du dommage résulté des activités de l'entreprise.

Dans le même sens, l'objection faite dans le rapport latino-américain à une recherche d'efficacité par l'instauration de juridictions spécialisées dans le traitement pénal de la délinquance économique est sans doute justifiée (n° 33, d): pas plus que des militaires ne devraient être jugés pénalement par des spécialistes des questions militaires, «les juges ne (peuvent) être tenus de devenir des techniciens et (...) la mise en place de tribunaux spéciaux (est) contraire aux principes constitutionnels de nombreux pays» (*ibid.*).

Si de la délinquance économique, on passe à d'autres «dimensions nouvelles» de la criminalité, des mécanismes de pensée analogues sont applicables. De même qu'en matière de délinquance économique, le système pénal ne tue que des moribonds, de même, dans d'autres domaines, comme le terrorisme, la mise en scène pénale n'est que le dernier acte de dégradation d'un violent «brûlé». Ce qui est efficace en matière de délinquance économique, c'est tout ce qui peut assurer la clarté, la transparence des entreprises et dans les entreprises. Telle est la tâche de la plupart des organismes préventifs, comme par exemple les audits ou réviseurs d'entreprises, et parfois, en dépassant leur propre objet, ces organismes aboutissent à créer un espionnage industriel officiel: ainsi par exemple des contrôleurs du respect des traités de non-prolifération des matières fissiles ou des quotas imposés aux entreprises sidérurgiques de la CECA. De même, dans des domaines comme le terrorisme, ce n'est pas le procès d'Ali Agça ou de la bande à Baader qui a une réelle efficacité, mais seulement l'activité de renseignement de la police ou de la sûreté: c'est à ce niveau seulement qu'on pourra savoir, assez tôt pour l'enrayer, qu'un terrorisme apparemment privé est en fait un terrorisme d'Etat, en ce sens qu'il est noyauté de l'étranger. Comme les chevaliers d'entreprise, les requins de la politique sont des poissons des profondeurs et de l'ombre, que tue la clarté.

Il serait trop long de passer en revue toutes les remarques judicieuses faites dans les différents rapports régionaux à propos du projet de Principes directeurs. Retenons-en cependant encore une, qui a trait aux garanties à conserver dans un processus de planification supposé indispensable. Très justement, le rapport latino-américain rapporte le point de vue d'une délégation, qui estimait «que la planification devait être un instrument de participation démocratique et non pas servir au renforcement du contrôle social» et qu'il fallait «en conséquence garantir le droit à la dissidence» (n° 32).

Une autre remarque d'un rapport régional appelle un bref commentaire. On lit dans le rapport africain (n° 16) que «des systèmes d'information beaucoup plus perfectionnés étaient nécessaires aux fins de la planification et de la recherche», qu'on «disposait bien de certaines statistiques de la police, mais (qu')on n'y avait pas largement fait appel pour la planification de la prévention du crime». C'est vrai que la prévision est indispensable à la prévention, élément de la planification. Une bonne prévention, à son tour, annulera la prévision. Mais les efforts de prévision sont particulièrement ardus. La boutade de l'humoriste danois garde toute sa valeur: «Il est difficile de prédire — surtout l'avenir»[12]. Le choix et le rassemblement des données nécessaires n'en est pas la moindre difficulté.

4. Foi, scepticisme et contestation

De quoi demain sera-t-il fait? Nos espoirs de développement seront-ils minés par certaines formes de délinquance ou, comme certains groupes semblent l'espérer, par les réactions politiques excessives qu'entraîneront certains types de délinquance : la peur engendrera-t-elle d'autres peurs, et ces peurs-là les régimes totalitaires des rêveurs de l'absolu ?

Avec les Nations Unies, au milieu d'un monde à la fois horrible et merveilleux, je veux espérer, et des textes de portée morale universelle ne pourront que contribuer à diffuser ce chant d'espoir, à jeter le doute dans les égoïsmes, à autoriser les questions et à forcer aux explications.

> ... «le réel ? Il nous le faut sans aucun doute,
> Mais que ce soit pour nous grandir,
> Pour nous rendre plus vaste, pour nous faire frémir,
> Pour rédiger ce qui pour nous doit être
> L'ordre du pain autant que l'ordre de l'âme».

Telle est l'invitation de Pablo Neruda, que cite Ziegler.

Ce que j'ai avant tout voulu faire, dans ce chapitre ultime, c'est exprimer une foi, un scepticisme, et une contestation.

Foi dans l'objectif d'un développement équilibré, où l'économique n'oblitère pas le social. Scepticisme dans l'universalité des valeurs qui, à défaut d'accord sur les notions, peut jouer sur les polysémies et faire croire à des faux-semblants d'accords. Contestation de la primauté du système pénal comme moyen d'affronter des problèmes graves, d'organiser un contrôle des activités dangereuses, et de résoudre des conflits nouveaux. Lié à la structure d'Etats qui se lézardent, le réflexe pénal ne doit pas être transposé à la communauté internationale, dont l'avenir heureux n'est certainement pas lié à la création d'un Etat mondial.

NOTES

[1] Nations Unies, Assemblée générale, *Guide à l'intention des réunions préparatoires régionales et interrégionales du septième Congrès des Nations Unies pour la prévention du crime et le traitement des délinquants*, traduction de l'anglais, document à distribution limitée, A/CONF. 121/PM. 1, 4 avril 1983, et les rapports régionaux pour l'Afrique, A/CONF. 121/RPM 4, 21 décembre 1983, pour l'Amérique latine, A/CONF. 121/RPM 3, 6 décembre 1983, pour l'Asie occidentale, A/CONF. 121/RPM 5, 17 janvier 1984, pour l'Asie et le Pacifique, A/CONF. 121/RPM 2, 29 juillet 1983, et pour l'Europe, A/CONF. 121/RPM 1, du 29 juillet 1983; Beria di Argentine, A. *et al.*, *New Dimensions of criminality and crime prevention in the context of development, Challenges for the future*, Milano, Centro nazionale di prevenzione e difesa sociale, 1985.

[2] Leyens, J.Ph., Un homme profondément bon et raisonnable?, *in*: Verhaegen, J., *Licéité en droit positif et références légales aux valeurs*, Bruxelles, Bruylant, 1982.

[3] Lopez-Rey, M., The need for a new international-national Criminal Justice Order, *Federal Probation*, 1984, 1, pp. 19-22.

[4] Toffler, A., *La Troisième Vague*, traduction française de *The Third Wave*, Paris, Denoël, 1980.

[5] Fromm, E., *Avoir ou être*, traduction française de *To have or to be*, 1976, Paris, Laffont, 1978.

[6] Vaughan, D., Toward understanding unlawful organizational behavior, *Michigan Law Review*, 80 (1982), pp. 1377-1402.

[7] Albanese, J.S., What Lockheed and La Cosa Nostra have in common, *Crime and Delinquency*, April 1982, pp. 211-232.

[8] Charlier, M., Les tentations de la justice, *Journal des Tribunaux*, Bruxelles, 1965, pp. 717-721.

[9] Haarscher, G., Philosophie et droits de l'homme, *in*: Bruyer, R., *éd., Les sciences humaines et les droits de l'homme*, Bruxelles, Mardaga, 1984.

[10] Ziegler, J., *Retournez les fusils!*, Paris, Seuil, 1980, et *Les rebelles*, collection Points, Paris, Seuil, 1985.

[11] Nagel, H., Hagan, J.L., The sentencing of white-collar criminals in federal courts: A socio-legal exploration of disparity, *Michigan Law Review*, 80 (1982), pp. 1427-1456.

[12] Jepsen, J. Pal, L., «Recherches prospectives sur le volume et la structure de la criminalité», *in: Etudes relatives à la recherche criminologique»*, vol. IV, Strasbourg, Conseil de l'Europe, 1969, p. 26.

Table des matières

Avant-propos 7

CHAPITRE 1: Homicides 11

CHAPITRE 2: Prises d'otages 27

CHAPITRE 3: Le viol 45

CHAPITRE 4: Délinquance routière 59

CHAPITRE 5: Infraction: être victime 73

CHAPITRE 6: Cambriolages 87

CHAPITRE 7: Profession: receleur 101

CHAPITRE 8: Abus de confiance 117

CHAPITRE 9: Crime en col blanc 133

CHAPITRE 10: L'homme d'affaires entre le droit pénal et la crise 157

CHAPITRE 11: Le crime dans l'ordre économique mondial 173

PSYCHOLOGIE ET SCIENCES HUMAINES
collection publiée sous la direction de MARC RICHELLE

1 Dr Paul Chauchard: LA MAITRISE DE SOI, 9e éd.
5 François Duyckaerts: LA FORMATION DU LIEN SEXUEL, 9e éd.
7 Paul-A. Osterrieth: FAIRE DES ADULTES, 16e éd.
9 Daniel Widlöcher: L'INTERPRETATION DES DESSINS D'ENFANTS, 9e éd.
11 Berthe Reymond-Rivier: LE DEVELOPPEMENT SOCIAL DE L'ENFANT ET DE L'ADOLESCENT, 9e éd.
12 Maurice Dongier: NEVROSES ET TROUBLES PSYCHOSOMATIQUES, 7e éd.
15 Roger Mucchielli: INTRODUCTION A LA PSYCHOLOGIE STRUCTURALE, 3e éd.
16 Claude Köhler: JEUNES DEFICIENTS MENTAUX, 4e éd.
21 Dr P. Geissmann et Dr R. Durand: LES METHODES DE RELAXATION, 4e éd.
22 H. T. Klinkhamer-Steketée: PSYCHOTHERAPIE PAR LE JEU, 3e éd.
23 Louis Corman: L'EXAMEN PSYCHOLOGIQUE D'UN ENFANT, 3e éd.
24 Marc Richelle: POURQUOI LES PSYCHOLOGUES?, 6e éd.
25 Lucien Israel: LE MEDECIN FACE AU MALADE, 5e éd.
26 Francine Robaye-Geelen: L'ENFANT AU CERVEAU BLESSE, 2e éd.
27 B.F. Skinner: LA REVOLUTION SCIENTIFIQUE DE L'ENSEIGNEMENT, 3e éd.
28 Colette Durieu: LA REEDUCATION DES APHASIQUES
29 J.C. Ruwet: ETHOLOGIE: BIOLOGIE DU COMPORTEMENT, 3e éd.
30 Eugénie De Keyser: ART ET MESURE DE L'ESPACE
32 Ernest Natalis: CARREFOURS PSYCHOPEDAGOGIQUES
33 E. Hartmann: BIOLOGIE DU REVE
34 Georges Bastin: DICTIONNAIRE DE LA PSYCHOLOGIE SEXUELLE
35 Louis Corman: PSYCHO-PATHOLOGIE DE LA RIVALITE FRATERNELLE
36 Dr G. Varenne: L'ABUS DES DROGUES
37 Christian Debuyst, Julienne Joos: L'ENFANT ET L'ADOLESCENT VOLEURS
38 B.-F. Skinner: L'ANALYSE EXPERIMENTALE DU COMPORTEMENT, 2e éd.
39 D.J. West: HOMOSEXUALITE
40 R. Droz et M. Rahmy: LIRE PIAGET, 3e éd.
41 José M.R. Delgado: LE CONDITIONNEMENT DU CERVEAU ET LA LIBERTE DE L'ESPRIT
42 Denis Szabo, Denis Gagné, Alice Parizeau: L'ADOLESCENT ET LA SOCIETE, 2e éd.
43 Pierre Oléron: LANGAGE ET DEVELOPPEMENT MENTAL, 2e éd.
44 Roger Mucchielli: ANALYSE EXISTENTIELLE ET PSYCHOTHERAPIE PHENOMENO-STRUCTURALE
45 Gertrud L. Wyatt: LA RELATION MERE-ENFANT ET L'ACQUISITION DU LANGAGE, 2e éd.
46 Dr Etienne De Greeff: AMOUR ET CRIMES D'AMOUR
47 Louis Corman: L'EDUCATION ECLAIREE PAR LA PSYCHANALYSE
48 Jean-Claude Benoit et Mario Berta: L'ACTIVATION PSYCHOTHERAPIQUE
49 T. Ayllon et N. Azrin: TRAITEMENT COMPORTEMENTAL EN INSTITUTION PSYCHIATRIQUE
50 G. Rucquoy: LA CONSULTATION CONJUGALE
51 R. Titone: LE BILINGUISME PRECOCE
52 G. Kellens: BANQUEROUTE ET BANQUEROUTIERS
53 François Duyckaerts: CONSCIENCE ET PRISE DE CONSCIENCE
54 Jacques Launay, Jacques Levine et Gilbert Maurey: LE REVE EVEILLE-DIRIGE ET L'INCONSCIENT
55 Alain Lieury: LA MEMOIRE
56 Louis Corman: NARCISSISME ET FRUSTRATION D'AMOUR
57 E. Hartmann: LES FONCTIONS DU SOMMEIL
58 Jean-Marie Paisse: L'UNIVERS SYMBOLIQUE DE L'ENFANT ARRIERE MENTAL
59 Jacques Van Rillaer: L'AGRESSIVITE HUMAINE
60 Georges Mounin: LINGUISTIQUE ET TRADUCTION
61 Jérôme Kagan: COMPRENDRE L'ENFANT
62 Michael S. Gazzaniga: LE CERVEAU DEDOUBLE
63 Paul Cazayus: L'APHASIE
64 X. Seron, J.L. Lambert, M. Van der Linden: LA MODIFICATION DU COMPORTEMENT
65 W. Huber: INTRODUCTION A LA PSYCHOLOGIE DE LA PERSONNALITE, 2e éd.
66 Emile Meurice: PSYCHIATRIE ET VIE SOCIALE
67 J. Château, H. Gratiot-Alphandéry, R. Doron et P. Cazayus: LES GRANDES PSYCHOLOGIES MODERNES
68 P. Sifnéos: PSYCHOTHERAPIE BREVE ET CRISE EMOTIONNELLE
69 Marc Richelle: B.F. SKINNER OU LE PERIL BEHAVIORISTE
70 J.P. Bronckart: THEORIES DU LANGAGE
71 Anika Lemaire: JACQUES LACAN, 2e éd. revue et augmentée
72 J.L. Lambert: INTRODUCTION A L'ARRIERATION MENTALE
73 T.G.R. Bower: DEVELOPPEMENT PSYCHOLOGIQUE DE LA PREMIERE ENFANCE
74 J. Rondal: LANGAGE ET EDUCATION
75 Sheila Kitzinger: PREPARER A L'ACCOUCHEMENT
76 Ovide Fontaine: INTRODUCTION AUX THERAPIES COMPORTEMENTALES
77 Jacques-Philippe Leyens: PSYCHOLOGIE SOCIALE, 2e éd.
78 Jean Rondal: VOTRE ENFANT APPREND A PARLER
79 Michel Legrand: LE TEST DE SZONDI
80 H.J. Eysenck: LA NEVROSE ET VOUS
81 Albert Demaret: ETHOLOGIE ET PSYCHIATRIE

82 Jean-Luc Lambert et Jean A. Rondal: LE MONGOLISME
83 Albert Bandura: L'APPRENTISSAGE SOCIAL
84 Xavier Seron: APHASIE ET NEUROPSYCHOLOGIE
85 Roger Rondeau: LES GROUPES EN CRISE?
86 J. Danset-Léger: L'ENFANT ET LES IMAGES DE LA LITTERATURE ENFANTINE
87 Herbert S. Terrace: NIM, UN CHIMPANZE QUI A APPRIS LE LANGAGE GESTUEL
88 Roger Gilbert: BON POUR ENSEIGNER?
89 Wing, Cooper et Sartorius: GUIDE POUR UN EXAMEN PSYCHIATRIQUE
90 Jean Costermans: PSYCHOLOGIE DU LANGAGE
91 Françoise Macar: LE TEMPS, PERSPECTIVES PSYCHOPHYSIOLOGIQUES
92 Jacques Van Rillaer: LES ILLUSIONS DE LA PSYCHANALYSE, 2ᵉ éd.
93 Alain Lieury: LES PROCEDES MNEMOTECHNIQUES
94 Georges Thinès: PHENOMENOLOGIE ET SCIENCE DU COMPORTEMENT
95 Rudolph Schaffer: COMPORTEMENT MATERNEL
96 Daniel Stern: MERE ET ENFANT, LES PREMIERES RELATIONS
97 R. Kempe & C. Kempe: L'ENFANCE TORTUREE
98 Jean-Luc Lambert: ENSEIGNEMENT SPECIAL ET HANDICAP MENTAL
99 Jean Morval: INTRODUCTION A LA PSYCHOLOGIE DE L'ENVIRONNEMENT
100 Pierre Oleron et al.: SAVOIRS ET SAVOIR-FAIRE PSYCHOLOGIQUES CHEZ L'ENFANT
101 Bernard I. Murstein: STYLES DE VIE INTIME
102 Rondal/Lambert/Chipman: PSYCHOLINGUISTIQUE ET HANDICAP MENTAL
103 Brédart/Rondal: L'ANALYSE DU LANGAGE CHEZ L'ENFANT
104 David Malan: PSYCHODYNAMIQUE ET PSYCHOTHERAPIE INDIVIDUELLE
105 Philippe Muller: WAGNER PAR SES REVES
106 John Eccles: LE MYSTERE HUMAIN
107 Xavier Seron: REEDUQUER LE CERVEAU
108 Moreau/Richelle: L'ACQUISITION DU LANGAGE
109 Georges Nizard: ANALYSE TRANSACTIONNELLE ET SOIN INFIRMIER
110 Howard Gardner: GRIBOUILLAGES ET DESSINS D'ENFANTS, LEUR SIGNIFICATION
111 Wilson/Otto: LA FEMME MODERNE ET L'ALCOOL
112 Edwards: DESSINER GRACE AU CERVEAU DROIT
113 Rondal: L'INTERACTION ADULTE-ENFANT
114 Blancheteau: L'APPRENTISSAGE CHEZ L'ANIMAL
115 Boutin: FORMATION ET DEVELOPPEMENTS
116 Húsen: L'ECOLE EN QUESTION
117 Ferrero/Besse: L'ENFANT ET SES COMPLEXES
118 R. Bruyer: LE VISAGE ET L'EXPRESSION FACIALE
119 J.P. Leyens: SOMMES-NOUS TOUS DES PSYCHOLOGUES?
120 J. Château: L'INTELLIGENCE OU LES INTELLIGENCES?
121 M. Claes: L'EXPERIENCE ADOLESCENTE
122 J. Hayes et P. Nutman: COMPRENDRE LES CHOMEURS
123 S. Sturdivant: LES FEMMES ET LA PSYCHOTHERAPIE
124 A. Pomerleau et G. Malcuit: L'ENFANT ET SON ENVIRONNEMENT
125 A. Van Hout et X. Seron: L'APHASIE DE L'ENFANT
126 A. Vergote: RELIGION, FOI, INCROYANCE
127 Sivadon/Fernandez-Zoïla: TEMPS DE TRAVAIL, TEMPS DE VIVRE
128 Born: JEUNES DEVIANTS OU DELINQUANTS JUVENILES?
129 Hamers/Blanc: BILINGUALITE ET BILINGUISME
130 Legrand: PSYCHANALYSE, SCIENCE, SOCIETE
131 Le Camus: PRATIQUES PSYCHOMOTRICES
132 Lars Fredén: ASPECTS PSYCHOSOCIAUX DE LA DEPRESSION
133 Mount: LA FAMILLE SUBVERSIVE
134 Magerotte: MANUEL D'EDUCATION COMPORTEMENTALE CLINIQUE
135 Dailly / Moscato: LATERALISATION ET LATERALITE CHEZ L'ENFANT
136 Bonnet / Tamine-Gardes: QUAND L'ENFANT PARLE DU LANGAGE
137 Bruyer: LES SCIENCES HUMAINES ET LES DROITS DE L'HOMME
138 Taulelle: L'ENFANT A LA RENCONTRE DU LANGAGE
139 de Boucaud: PSYCHOLOGIE DE L'ENFANT ASTHMATIQUE
140 Duruz: NARCISSE EN QUETE DE SOI
141 Feyereisen / de Lannoy: PSYCHOLOGIE DU GESTE
142 Florin et Al.: LE LANGAGE A L'ECOLE MATERNELLE

Hors collection

Paisse: PSYCHOPEDAGOGIE DE LA LUCIDITE
Paisse: ESSENCE DU PLATONISME
Collectif: SYSTEME AMDP
Boulangé/Lambert: LES AUTRES, L'EXPRESSION ARTISTIQUE CHEZ LES HANDICAPES MENTAUX

Manuels et Traités

2 Thinès: PSYCHOLOGIE DES ANIMAUX
3 Paulus: LA FONCTION SYMBOLIQUE ET LE LANGAGE

4 Richelle: L'ACQUISITION DU LANGAGE
5 Paulus: REFLEXES-EMOTIONS-INSTINCTS
Droz-Richelle: MANUEL DE PSYCHOLOGIE
Hurtig-Rondal: MANUEL DE PSYCHOLOGIE DE L'ENFANT (Tome 1)
Hurtig-Rondal: MANUEL DE PSYCHOLOGIE DE L'ENFANT (Tome 2)
Hurtig-Rondal: MANUEL DE PSYCHOLOGIE DE L'ENFANT (Tome 3)
Rondal-Seron: LES TROUBLES DU LANGAGE (DIAGNOSTIC ET REEDUCATION)
Fontaine/Cottraux/Ladouceur: CLINIQUES DE THERAPIE COMPORTEMENTALE

Philosophie et langage

Anscombre/Ducrot: L'ARGUMENTATION DANS LA LANGUE
Maingueneau: GENESES DU DISCOURS
Casebeer: HERMANN HESSE
Dominicy: LA NAISSANCE DE LA GRAMMAIRE MODERNE
Borillo: INFORMATIQUE POUR LES SCIENCES DE L'HOMME